T0278833

Hechizos para Vivir Bien

PHYLLIS CUROTT

HECHIZOS PARA VIVIR BIEN

SABIDURÍA DE BRUJAS
PARA VIVIR UNA VIDA MARAVILLOSA Y PLENA

KEPLER

Argentina – Chile – Colombia – España
Estados Unidos – México – Perú – Uruguay

Título original: *Spells for Living Well*
Editor original: Hay House UK Ltd.
Traducción: Natalia Ochoa

1.ª edición Agosto 2023

ISBN: 978-84-16344-86-4
E-ISBN: 978-84-19699-70-1
Depósito legal: B-11.745-2023

Impreso por: Rodesa, S.A. – Polígono Industrial San Miguel
Parcelas E7-E8 – 31132 Villatuerta (Navarra)

Impreso en España – *Printed in Spain*

«No me des palabras de consuelo…
Dame el hechizo para vivir bien».

EL NUDO DE ISIS
AWAKENING OSIRIS DE NORMANDI ELLIS

Índice

Correspondencias e información útil

Lista de hechizos para vivir bien

ℒANZAR HECHIZOS

«La mayoría de las personas sabe intuitivamente que cuando te enamoras, el mundo se llena de magia. Lo que no saben es que cuando descubres que el universo está lleno de magia, te enamoras del mundo».

PHYLLIS CUROTT, *Book of Shadows*

Un mundo mágico

«La magia es una parte esencial de quienes somos.
Pero a veces dudamos de nosotros mismos.
Dudamos de que la magia sea real.
Necesitamos un hechizo que nos despeje el camino,
un guía que nos ayude a encontrarlo».

Phyllis Curott, *The Witches' Wisdom Tarot*

El mundo está lleno de magia.
Todos lo sabíamos cuando éramos niños. Yo la sentía cada vez que me subía a las ramas del manzano en flor de mi patio trasero de los suburbios. Una vieja amiga sabía que había convocado un aguacero atronador al girar salvajemente en la cima de una colina ventosa. Muchos de nosotros descubrimos la magia con un conejo de terciopelo desgastado que hicimos realidad con amor. Sabíamos que había una presencia salvaje y benévola que cuidaba de nosotros, que hacía magia con nosotros.

La confianza en la magia de un mundo que está vivo, que se preocupa por nosotros y nos guía a través de gloriosas, impresionantes y formativas aventuras, se desvanece a medida que crecemos. La guardamos junto al conejo y los cuentos de hadas, y los sustituimos por libros de texto y títulos universitarios para ganarnos la vida, pagar la hipoteca y llevar a nuestros hijos a la escuela. Sin embargo, un destello de la antigua magia brota cuando les leemos esos cuentos, o cuando nosotros mismos volvemos a sus páginas, o cuando nos sorprende la lluvia de verano, o cuando un sueño se hace realidad.

Una vida sin magia no se vive plenamente. Necesitamos los hechizos que satisfacen nuestro anhelo de amor, que estimulan nuestro autocuidado y bienestar, que nos ayudan a encontrar nuestro propósito, nuestro sentido de la maravilla y el significado espiritual, especialmente en estos tiempos difíciles. Y a medida que la crisis climática se agrava, sentimos que no podemos sanar, ni encontrar la paz interior, ni vivir bien hasta que hayamos hecho las paces con la Madre Tierra, hasta que hayamos aprendido de su sabiduría para vivir bien.

Estamos listos para reconectar nuestras vidas y nuestro devastado mundo con la magia, preparados para hechizos que restauren nuestra unión con la Tierra, con nuestros espíritus y con formas sagradas de vivir bien y en el asombro.

Bruja, Wicce, Mujer sabia

Quizá no sea una sorpresa que la brujería sea la espiritualidad que más crece en Estados Unidos. «Bruja» es una palabra llena de magia. A pesar de siglos de calumnias, represión y misoginia, las brujas han reclamado su saber, su magia y su propósito. Han reclamado lo que significa ser bruja.

«Bruja» proviene de *wicce* (se pronuncia *witch-a),* una palabra con más de cinco mil años de antigüedad. Una *wicce* (mujer; *wicca,* un hombre) era una mujer sabia, una vidente de lo sagrado, una chamana de nuestros ancestros euro-indígenas.

La brujería, el oficio de las mujeres sabias, con todas sus reinvenciones modernas, tiene sus raíces en la espiritualidad más antigua de la humanidad: el chamanismo, y presenta muchas similitudes con las tradiciones de sabiduría indígena de todo el mundo. Las mujeres sabias, llamadas *wicce,* curandera, hombre astuto, *saman,* chamana, *mambo, voelva, udagan, vitke,* bruja, *strega, fugara, mudang, angakok, bablawo, p'aqo, taltos, sangoma* y más, siempre han tenido roles sagrados similares.

Las mujeres sabias son sanadoras, parteras de bebés, almas perdidas y almas que han fallecido, directoras de ceremonias sagradas, celebraciones y ritos de paso. Son intérpretes de sueños, adivinaciones y signos, guardianas de misterios y creadoras de magia. Son maestras en equilibrar, armonizar y unir lo interno con lo externo, lo visible con lo invisible, el Espíritu y el mundo.

Una bruja es una viajera entre los mundos que sabe que estos son uno. Las brujas reconocen y honran los lugares de poder y los espíritus que los habitan. Conocemos la divinidad salvaje de la naturaleza y sabemos que la naturaleza humana es mejor cuando aceptamos que formamos parte de ella. Sabemos que las plantas son sanadoras y que los animales son maestros y que tenemos mucho que aprender.

Las brujas aprendieron hace mucho tiempo que el mundo es mágico. Y estas siempre han utilizado su sabiduría, sus habilidades y su magia para vivir bien y crear armonía interior, con los demás, con el espíritu y con el mundo natural que es sagrado.

Soy una bruja. Como bruja que fue pública cuarenta años antes de que fuera aceptable, como abogada activista, autora de *best sellers* internacionales y receptora de honores que nadie esperaría que recibiera una bruja, sé lo que la magia puede lograr.

Tu poder para lanzar hechizos

Mucho antes de que el término «manifestar» fuera popular, los hechizos eran un arte antiguo para exactamente eso. Las brujas siempre han hechos hechizos para manifestar, curar y ayudar, y ese poder reside en *ti*, seas o no una bruja. No tienes que serlo para hacer hechizos, de la misma forma que no tienes que ser budista para meditar o hindú para practicar yoga.

Hoy en día, la ciencia ha confirmado lo que las brujas siempre han sabido: nuestra conciencia tiene una notable capacidad para influir en el resultado de los acontecimientos. Si lanzas un hechizo, aprovecharás tu capacidad innata para hackear tu cerebro, tu cuerpo y tu energía para manifestar lo que quieres y necesitas, y lo que el mundo necesita de ti.

Conjura para el amor o la abundancia, la salud o la paz mental, para el cambio o la autoaceptación, y estarás asumiendo la responsabilidad de la creación de tu propia vida. Impulsada por tu propósito, confianza y creencia en tu capacidad para manifestar la vida que mereces, tus hechizos pueden ser exitosos. Y aunque estos a veces funcionan de manera inesperada, siempre son emocionantes y fortalecedores.

A algunas personas les preocupa que los hechizos abran la puerta a un poder que pueda provocar el efecto *boomerang*, salir mal o hacer daño. Pero no debes preocuparte. *Hechizos para vivir bien* te guiará en el lanzamiento de hechizos naturales, positivos y efectivos. Los hechizos, amuletos y conjuros que comparto contigo están extraídos de mis enseñanzas y de mis grimorios personales, de las colecciones de hechizos y de la sabiduría de una bruja. Los he reunido a lo largo de una vida divinamente mágica para ayudarte a cambiar como deseas o necesitas, y para vivir bien y en el asombro. Espero que encuentres en la lectura una guía sabia que te dirija al lugar dentro de ti donde habita la magia, al Espíritu que siempre está presente en ti y a la gran magia de la naturaleza que te está bendiciendo con todo lo que necesitas para vivir bien y para hacer del mundo un lugar mejor por el simple hecho de formar parte de él.

Lanza los hechizos de este libro, adáptalos y hazlos tuyos, y te encontrarás manifestando el cambio y el bienestar. Tu sensación de confianza, optimismo y alegría se expandirá. Tu vida crecerá y tu espíritu florecerá.

Lanza los hechizos y reencantarás tu vida y el mundo.

El poder espiritual de los hechizos

Los hechizos se han utilizado durante mucho tiempo con fines eminentemente prácticos, para provocar cambios que hagan la vida más fácil, más sana, más feliz, más rica y más llena de amor. Muchos de los hechizos presentados en el texto pueden ser abordados con éxito de esta manera pragmática. Sin embargo, los hechizos pueden ofrecerte mucho más porque, si lo deseas, pueden ser mucho más. Pueden llenar tu vida de maravillas porque la llenan de lo Sagrado.

Si deseas desbloquear el poder pleno, maravilloso y mágico de los hechizos, trabájalos como prácticas espirituales. Deja que te guíen al pozo de tu divinidad interior y te ayuden a sacar esa magia para manifestar dones y visiones que bendecirán tu vida y el mundo. Lanza hechizos como prácticas espirituales, y ellos te sintonizarán con la energía numinosa, abundante y generadora de vida de la Creación y te ayudarán a canalizar esa energía en una vida de plenitud, armonía y magia más allá de cualquier cosa que puedas intentar o imaginar.

Lanza hechizos como prácticas espirituales y descubrirás que todos estos son, de una u otra forma, hechizos de amor.

La magia de los hechizos

La magia de los hechizos es una de las formas más poderosas de la manifestación de la brujería. Pero ¿qué es la magia? Abre la mayoría de los libros sobre hechicería, magia o brujería, y es probable que veas alguna reformulación de esta definición: «La magia es la manipulación de fuerzas sobrenaturales invisibles y de la naturaleza con la finalidad de manifestar tus propósitos y lograr tus objetivos».

De la misma forma que los peces no pueden ver el agua en la que nadan, nosotros no reconocemos que esta idea expresa una visión muy poco mágica y patriarcal de la realidad. Comenzó hace mucho tiempo, supuestamente, Dios le dio al hombre el dominio sobre un mundo inanimado para que hiciera lo que quisiera con él. Este pensamiento sigue presente en nuestras creencias actuales, que la ciencia da al hombre el poder de manipular y explotar un mundo inanimado. Esta definición de la magia se entiende como el poder sobre las fuerzas y las formas de la Creación (inanimada).

Todos estos años haciendo magia y convirtiéndome poco a poco en una mujer sabia me han otorgado una creencia muy diferente. La magia no consiste en manipular las fuerzas sobrenaturales, ni la naturaleza, ni en tratar el mundo como una máquina expendedora inanimada. La magia no consiste en tratar de tener poder sobre la Creación, ni sobre los seres vivos que habitan con nosotros, ni sobre las fuerzas que hacen que todo funcione. Ese enfoque es antinatural, y ya estamos hasta el cuello de las consecuencias de este comportamiento.

Lanza hechizos y descubre lo que las *wicces* y los *wiccas* sabían:

«La magia es el flujo del Espíritu,
lo Sagrado, la Fuente, el élan *vital,*
el nwyrtre, *el* chi, *el* tao, *la energía,*
el poder que concibe la vida y que te
ayudará a crear la tuya».

La magia es la fuente que crea, la fuerza que une, el flujo de la energía divina hacia la forma y de la forma hacia la energía, una danza regeneradora que crea, sostiene y recrea vida. La magia fluye de un lado a otro, uniendo el Espíritu y la Creación, la divinidad y la naturaleza, y, cuando estamos preparados, nos une a nosotros.

Además, la magia es totalmente natural. Necesitamos la magia de vivir en este mundo en el que el Espíritu está presente y vivo: en el roble de nuestro jardín, en el perro que duerme a nuestro lado, en la pareja a la que amamos, en el suelo que pisamos, en la vida que se nos ha dado. La vida anhela que despertemos y que nos comprometamos con ella en relaciones profundas, amorosas y solidarias que hagan del mundo un lugar mejor para toda vida.

Todo lo que trabajamos al lanzar hechizos (las energías, los elementos y las encarnaciones) está vivo. Todo es sagrado. La magia es sagrada.

Lanza hechizos con el poder divino que anima toda creación y te encontrarás llena de maravilla, y tu vida, tu *mejor* vida, llena de magia.

La gran magia de la naturaleza

Todo lo que necesitas para lanzar hechizos con el fin de conseguir una vida sana, abundante y llena de alegría está dentro de ti y a tu alrededor, en el mundo natural. Es la gran magia de la naturaleza y tú estás destinada a formar parte de ella. La Madre Tierra compartió su magia conmigo al final de una larga búsqueda (cómo crea y sostiene la vida haciendo visible el Espíritu) y todos los seres vivos viven en consecuencia, excepto nosotros, los humanos. Esto fue confirmado años después por los eco-biólogos; cambió mi vida, mi propósito, mi magia:

«Todos los seres, mientras cuidan de sí mismos, hacen del mundo un lugar mejor para toda vida».

También es cierto para ti, seas bruja o no, seas humana o no, lances hechizos o no. Es profundamente espiritual. Es la naturaleza encarnando el Espíritu. *Esa* es la fuente de la magia. Esa *es* la magia, la magia de la naturaleza.

Cuando lances hechizos, déjate guiar por la magia de la naturaleza. Lanza hechizos para vivir bien, para ser feliz y estar sana, próspera y con propósito, para vivir una vida con significado y valor. Abre tu corazón y la energía divina de la vida, que conecta todas las cosas, fluirá hacia ti. La magia fluirá hacia ti. Cambiará tu forma de vivir en el mundo y tú cambiarás el mundo. Ya sea un hechizo, un libro, un niño, una carrera, una pasión que persigas; tu magia hará que tu vida sea mejor y que el mundo sea un lugar mejor para todos.

Sabiduría para lanzar hechizos

«Eres un hechizo de amor lanzado por el Universo».

Phyllis Curott, *El libro de las sombras*

Una afirmación, una meditación, un conjuro, una luna llena, una pluma, una semilla, una caracola marina, una piedra, un amanecer... todo tiene magia y cualquier cosa puede ser un hechizo.

Los hechizos pueden escribirse, hablarse, cantarse, bailarse, meditarse, imaginarse, realizarse una vez o con una devoción habitual. Los hechizos pueden ser espontáneos y sencillos o cuidadosamente planificados y orquestados. Puedes recitar un antiguo conjuro mesopotámico o inventar una rima de dos versos. Puedes escuchar en lugar de hablar, nadar en lugar de estar de pie, utilizar solo tu deseo o todas las hierbas de tu armario. Puedes crear un altar lleno de todo lo que necesitas o puedes *ser* el altar donde el Universo lanza su hechizo.

Puedes empezar a lanzar los hechizos de este libro ahora mismo, pero quiero compartir contigo un poco de sabiduría que mejorará tus experiencias, habilidades y resultados.

Una asociación con el poder sagrado

Cuando lanzas un hechizo, te conviertes en una trabajadora de la energía, elaboras tu vida con la ayuda de fuerzas y recursos que fluyen de un lado a otro entre lo invisible y lo visible, entre el Espíritu y la Naturaleza, la fuerza vital y la forma de vida. Estás cocreando con los poderes divinos, con el mundo natural y con el Espíritu.

Los hechizos son una práctica espiritual que crea una asociación entre tú y un poder sagrado que siempre tiene tus mejores intereses en el corazón. Ve todo tu potencial, tu vida, tu razón de estar aquí ahora. Te guía de forma que llenará tu vida con manifestaciones de su magia: aparecerán señales, ocurrirán sincronizaciones, tus sueños se harán realidad, tu intuición florecerá, tu corazón se abrirá, sentirás la presencia de lo Sagrado en tu vida.

Magia para descubrir lo que necesitas

Lanzar hechizos es revelador. Estos te ayudarán a descubrir quién eres, qué es importante y por qué, cuáles son tus dones y poderes y cómo cultivarlos, cuáles son tus desafíos y cómo convertirlos en fortalezas. Hacer hechizos es un acto de poder. Estás manifestando y reencantando tu vida y el mundo de manera profundamente sagrada.

Sin embargo, mientras lanzas hechizos para crear una vida de bienestar, significado y propósito, es importante saber que estos no siempre ofrecen un resultado predecible. Lo que sí ofrecen es lo que más necesitas. La promesa que puedo hacerte es que independientemente de que tu hechizo cambie o no para mejor tus circunstancias en el exterior, *siempre* va a funcionar, porque tú cambiarás para mejor en el interior.

Encuentra la lección dentro de cada resultado, y cuando lo hagas, te darás cuenta de que todo en la vida es sagrado, tanto lo amargo como lo dulce. Profundizarás en tu comprensión de quién eres y por qué estás aquí. También empezarás a darte cuenta de dónde estás.

Lanza tus hechizos y te enseñarán lo que necesitas saber para ser plenamente humana y estar viva en un mundo lleno de magia.

Confianza

Para que un hechizo se manifieste, debes tener claro tu propósito y mantenerte firme en tu convicción de que se manifestará. Pero visualizar tus objetivos en detalle y apegarte a ellos puede ser contraproducente. Así que, cuando lances los hechizos, pide lo mejor para ti.

Y deja margen para más de lo que puedes anticipar, esperar o, incluso, desear. La experiencia me ha demostrado que lo Sagrado aspira a mucho más para nosotros que nosotros mismos. Confía en el Universo, confía en lo divino, confía en la magia.

La brújula moral para lanzar hechizos

Se dice que la razón por la que las brujas no lanzan hechizos para dañar o controlar a los demás es el karma o la Ley Triple, una especie de superkarma en el que lo que envías regresa a ti por partida triple. Sin embargo, estos no son verdaderos principios morales, ya que solo te impulsan a actuar por interés propio y por miedo al castigo.

Cuando trabajas con una energía que es innatamente sagrada, no hay necesidad de miedo o castigo. Además, existe una profunda brújula moral incrustada en la Creación, que refleja la unidad del Espíritu y el mundo que te guiará. Es la gran magia de la naturaleza, y esta se aplica a toda vida, humana o de otro tipo, y al lanzamiento de hechizos, tanto si crees que la energía con la que trabajas es neutral, como si es sobrenatural, o te da poder sobre la naturaleza para manifestar tus intenciones.

La naturaleza tiene su propio valor innato, sabiduría y estrategia divina para la vida. Deja que guíe y potencie tu hechizo y la reconocerás haciendo visible lo Sagrado y conociendo al Espíritu. Experimentarás la sabia perfección de un orden divino donde todo en la naturaleza vive bien y hace del mundo un lugar mejor para toda vida. Incluida la tuya.

El protocolo de los hechizos

Los hechizos que involucran a otras personas generalmente solo se realizan con su conocimiento y consentimiento. Es decir, lanza un hechizo de amor para encontrar el amor que te conviene, no para que la persona de al lado se enamore de ti.

Sin embargo, cuando las personas son incapaces de pedir ayuda, puedes lanzar un hechizo que ofrezca energía y amparo para su mayor bien y bienestar. O si están manteniendo algún tipo de relación contigo, puedes lanzar hechizos para tu propio bienestar de manera que también beneficie el de los demás.

¿Qué pasa con alguien que está haciendo daño a otras personas? Un simple hechizo de retorno rápido al remitente (pág. 181) evita el daño y mejora la vida.

Los cuatro elementos y la hechicería

Es prácticamente imposible lanzar un hechizo sin uno o más de los cuatro elementos de la naturaleza (Aire, Fuego, Agua y Tierra) al igual que es imposible vivir sin ellos. Los elementos no son símbolos o metáforas, son fuerzas poderosas de la naturaleza con su propio valor intrínseco, propósito y espíritu. Son poderes vitales que te ayudarán a redescubrir tus propios poderes naturales y mágicos como parte de la naturaleza.

Los cuatro elementos están organizados en una tabla de relaciones energéticas llamada «Tabla de correspondencias» (pág. 265), que puedes utilizar al lanzar hechizos. Cada elemento tiene un conjunto de cualidades humanas análogas, seres espirituales y deidades, animales y plantas, estaciones del año, horas del día, colores, herramientas, hierbas, objetos naturales, signos astrológicos, símbolos del tarot y mucho más. No te preocupes por memorizarlos todos, los dominarás gradualmente a medida que vayas trabajando con ellos.

Lanza hechizos con los elementos y sus energías fluirán hacia las áreas indicadas de tu vida, bendiciéndote con inspiración, energía, amor, curación y mucho más. Te convertirás en una persona completa, más natural y más conectada con la magia de la naturaleza.

A continuación, te encontrarás con un breve resumen de las correspondencias entre los elementos y nuestra humanidad:

Aire: Aliento de vida, mente

Pensamiento, maravilla, inteligencia, intuición, el poder de encontrar sentido y comunicar.

Pluma, búho, incienso.

Trabaja con el Aire para: la inspiración, el pensamiento creativo, la reflexión, la comunicación, la paz mental, la calma, la concentración, el aprendizaje, la escritura, las conferencias, los exámenes, el canto, la poesía, el cultivo de la intuición, la conciencia.

Fuego: Energía de la vida, fuerza vital

Alegría, poder, energía, voluntad, coraje, pasión, transformación, el poder del cambio.

Llama, tigre, vela.

Trabaja con el Fuego para: la alegría, la energía, el poder, el cambio, la transformación, el valor, la pasión, la determinación, la manifestación rápida, el destierro, la purificación y la limpieza, la claridad, la iluminación.

Agua: Amor a la vida, sentimientos

Amor, emociones, corazón, el poder de amar y soñar.

Aleta, delfín, cuenco.

Trabaja con el Agua para: el amor, los sueños, visitar a los antepasados, la intuición y los sentimientos, ayudar a que tus emociones fluyan y cambien, resolver conflictos y disminuir la ira, limpiar y purificar, disolver los bloqueos emocionales, sanar las heridas emocionales, nutrir tu paisaje interior con amor propio, la conexión, recordar y contar historias.

Tierra: Encarnación de la vida, cuerpo

Encarnación, curación, trabajo, creatividad, prosperidad, el poder de crecer y crear.

Semilla, oso, pentáculo.

Trabaja con la Tierra para: la manifestación, el anclaje, la nutrición, la curación y el cuidado de tu cuerpo y alma, las abundantes bendiciones y sabiduría de la tierra, sintonizar con la sabiduría de la Naturaleza y los ciclos de nacimiento, crecimiento, muerte y renacimiento, cultivar la creatividad, crear prosperidad, dar a luz a la vida que deseas.

El momento adecuado

El momento en el que lanzas los hechizos puede influir en la probabilidad de que tengan éxito. Lánzalos en sintonía con los ritmos de la naturaleza, los grandes ciclos del Sol, la Luna y la Tierra; y será más probable que lleguen a buen puerto, así como que todo tu ser (mente, cuerpo y espíritu) se alinee con la Creación. Los beneficios son mágicos.

Los hechizos estacionales funcionan con los ciclos generadores de vida de la Tierra y el Sol. Es como cabalgar una gran ola: irás más lejos, más rápido y más fácilmente, y sentirás que te sumerges en una profunda paz y armonía con la naturaleza. Los hechizos bien programados te ofrecen iluminación y tranquilidad.

Lo mismo ocurre cuando trabajas con los ritmos de la Luna: tu intuición, tus instintos y tu magia crecerán, al igual que tu aprecio por la sabiduría y la magia de tu cuerpo. Destierra durante la luna en cuarto menguante y manifiesta durante la luna llena, nadarás con las mareas, las poderosas energías te llevarán rápidamente en la dirección correcta.

Las horas del día, los días de la semana y las estaciones del año tienen un significado energético especial. Ofrecen un patrón orgánico y circular de atracción e iniciación; crecimiento y realización; liberación, reposo y reflexión:

★ El ciclo inicia con el amanecer, el domingo, el lunes, la luna nueva y la primavera, con las energías de la creatividad y los comienzos. Son tiempos de nuevos proyectos, planes, adivinación y maravilla.

★ A estas energías les sigue la acción y la atracción, siendo el mediodía, el martes y el miércoles, la luna creciente y el verano momentos para el trabajo y la labor que te ayudan a alcanzar tus objetivos.

★ El anochecer, el jueves y el viernes, la luna llena y el otoño se relacionan con las energías de la abundancia y la fertilidad. El tiempo de la cosecha ha llegado, se trata del momento en el que puedes ver y experimentar aquello por lo que has trabajado tan duro.

★ Después de la cosecha llega un tiempo de liberación y reflexión. La medianoche, el sábado y el domingo, la luna menguante y el invierno son momentos para desterrar lo negativo, liberar lo innecesario, reflexionar sobre lo que has aprendido y obtenido, y hacer una ofrenda de agradecimiento. El ciclo comienza de nuevo, con la reflexión que conduce a nuevos comienzos.

Las influencias astrológicas también pueden desempeñar un papel en la sincronización de los hechizos, al igual que la relación entre una fase lunar y las estaciones, pero, por ahora, lo esencial que se proporciona aquí, ayudará a que tus hechizos se manifiesten, potenciados por la Creación. (Para más información, véase «El momento adecuado», pág. 273).

Dónde

La mejor manera de lanzar hechizos es en un lugar tranquilo y privado. Cuando puedas, lanza los hechizos al aire libre, inmersa en la naturaleza, donde no tengas que imaginar los elementos, la Luna o el Sol, sino que puedas experimentarlos y recordar que todo lo que necesitas para vivir está en torno y dentro de ti. Pero si precisas trazar un círculo de protección a tu alrededor mientras estás en el transporte público, ¡ese es el momento de hacerlo! (Véase «Hechizo rápido de esfera de protección», pág. 176).

Habilidades para lanzar hechizos

«Cuando lanzas hechizos, te conviertes en una artista que trabaja con la paleta de lo visto y lo no visto, del Espíritu y la Naturaleza, la energía y la vida. Al lanzar hechizos, cocreas con la divinidad».

PHYLLIS CUROTT, *Wicca Made Easy*

Los hechizos pueden ser tan sencillos o elaborados como quieras hacerlos, pero vamos a empezar con los pasos esenciales y algunas técnicas sencillas para lanzarlos:

- ⋆ Decide el propósito de tu hechizo, es decir, fija tu intención.

- ⋆ Decide cómo lanzar el hechizo.

- ⋆ Reúne los materiales y las herramientas.

- ⋆ Elige el momento adecuado.

★ Purifícate y purifica el espacio.

★ Traza un círculo (a menudo opcional).

★ Respira, ánclate y céntrate.

★ Conecta con lo Sagrado (invoca a la deidad/al Espíritu).

★ Lanza el hechizo.

★ Fija el hechizo.

★ Da las gracias, haz tu ofrenda.

★ Cierra el círculo (si has trazado un círculo).

★ Actúa de acuerdo.

Las siguientes prácticas y habilidades son accesibles y harán que el lanzamiento de hechizos sea más fácil, potente y gratificante:

Fija tu intención

El primer paso para lanzar un hechizo es fijar la intención, es decir, decidir el propósito de este. ¿Cuál es tu objetivo? ¿Qué te ayudaría a vivir bien? Dilo con sencillez. Visualízalo claramente. Céntrate en su manifestación en lugar de cómo se logra.

Decide cómo lanzar el hechizo

La realización de estos hechizos te enseñará a crear los tuyos propios, si necesitas más ayuda puedes consultar la «Tabla de correspondencias» y otras listas (pág. 265), y mirar la sección «Magia empática» al final de esta página.

Primero, busca asesoramiento

A menudo, es útil utilizar tu método favorito de adivinación para pedir orientación antes de lanzar un hechizo. Simplemente pregunta: «¿Qué necesito saber para lanzar el hechizo?». Estás hablando con lo Sagrado, por lo que la respuesta siempre tendrá tus mejores intereses en el corazón.

Si no tienes un método de adivinación, pregunta al ángel de la biblioteca. Simplemente, acércate a la estantería, cierra los ojos, levanta la mano y deja que se mueva libremente hasta que sientas un tirón. Entonces deja caer la mano sobre un libro y sácalo del estante. Ábrelo azar. Tendrá un mensaje para ti.

Rima, ritmo y repetición

En los hechizos se suelen utilizar conjuros, estos hacen referencia al acto de «cantar un encantamiento para manifestar los deseos o la intención de la hechicera». En realidad, no tienes por qué cantar el hechizo, pero las palabras son mágicas y tienen un poder aún mayor cuando riman, siguen un ritmo y se repiten (se cantan). Una vez más, la ciencia moderna ha confirmado la sabiduría antigua, que demuestra que estas «tres R» pueden tener efectos poderosos y positivos en la mente, las emociones, las tendencias y en los resultados de los hechizos.

Magia empática

Los hechizos suelen funcionar con magia empática, es decir, con expresiones simbólicas de lo que quieres manifestar.

Esencialmente, promueves en el exterior los cambios que quieres que tengan lugar en el interior o en tu vida. Por ejemplo, los hechizos para la prosperidad pueden consistir en plantar una semilla y cuidarla a medida que crece, o en hacer un depósito semanal, por pequeño que sea, en tu cuenta de ahorros.

Puedes utilizar símbolos, representaciones, palabras, objetos, elementos y acciones para expresar tu intención y dar forma a la manifestación de tu hechizo. La sección «Correspondencias e información útil» (pág. 263) te ayudará a averiguar qué elementos, objetos de poder (pág. 59), hierbas, herramientas, colores, incluso deidades y espíritus deberías utilizar en la magia empática y en la configuración de los hechizos.

Reúne los materiales y las herramientas

Consulta el siguiente capítulo para conocer las herramientas y otros objetos que puedes necesitar.

Elige el momento adecuado

Consulta las páginas 273 y 274 para que te ayuden a elegir el mejor momento para lanzar el hechizo.

Purifícate y purifica el espacio

Antes de lanzar un hechizo, es útil purificar el espacio y purificarse a una misma, a menos que estés en el exterior, donde la misma naturaleza lo purificará. Es posible que quieras purificar también las herramientas nuevas, los objetos de poder, las joyas mágicas, entre otras ayudas para el lanzamiento de hechizos.

La mayor parte de la purificación se lleva a cabo con la ayuda de los elementos, por lo que es importante tener en cuenta y agradecer su ayuda.

Formas sencillas de purificarse a una misma y a tu espacio:

* Bebe agua, dirige su pureza hacia ti (véase «Hechizo de Agua para la purificación», pág. 75).

* Toma un baño o date una ducha, o simplemente lávate las manos y la cara.

* Quema o esparce una hierba limpiadora como la salvia, el ajenjo, el cedro, el pino o la salvia blanca que hayas cultivado u obtenido de un agricultor local y ético (Aire y Fuego).

* Rocía agua salada (Agua y Tierra). Aunque no uses sal o agua salada para purificar los cristales o la plata, utiliza una sencilla solución de agua y una hierba limpiadora.

* Con los cuatro elementos: Aire, Fuego, Agua y Tierra; como en el caso anterior.

* Esparce hierbas limpiadoras como las mencionadas anteriormente o, en su defecto, salvia negra, lavanda, caléndula y trébol rojo.

* Haz sonar una campana o un *tingsha* tibetano (o un par de platillos pequeños).

* Barre con escoba.

* Agradece siempre al elemento o elementos que te ayuden.

Cargar

Cargar es una técnica para llenarse de energía a una misma, a un objeto de poder (véase pág. 59) o incluso a un elemento. También puede hacerse como un hechizo. Cargar con la intención suele llamarse «imbuir».

Es prudente recibir siempre primero el consentimiento de cualquier objeto natural de poder:

* Salúdalo con respeto, siéntate en silencio con él, tócalo y abrázalo, y ábrete a sus energías.

* Cuando sientas que está de acuerdo, sostenlo delante de tu corazón y envíale tu intención con todo el amor y la fuerza vital que allí late.

* Dale las gracias por haberte ayudado.

Una técnica de carga común es colocar el elemento Agua, una herramienta, un cristal u otro objeto bajo la luna llena, el Sol o sobre la Madre Tierra. También puedes cargarlo a través de los poderes de los elementos pasando el objeto o colocándolo dentro de uno de ellos, o también frotando el elemento con el objeto o contigo misma.

Consagrar

Consagrar es una forma de bendecirte a ti misma, a una herramienta u otro objeto, o al hechizo.

El método más sencillo es elevar el objeto o las manos hacia el Sol o la Luna, bajarlos hacia la Madre Tierra y luego llevarlos hacia el corazón.

También puedes utilizar los métodos de purificación con los cuatro elementos (pág. 43) para consagrar.

Ungir

Ungir es el proceso de bendecir o consagrar algo (a ti, a otra persona, un instrumento, una vela, un objeto) con una gota de aceite esencial o una mezcla de aceites adecuada.

Para ungirte, aplica el aceite en la punta de tu dedo y toca cada uno de los chakras. O hazlo de forma sencilla con un toque en el tercer ojo, la garganta, el corazón, la ingle y los tobillos/pies.

Traza un círculo

Crear un círculo no siempre es necesario, pero puede ser muy útil antes de lanzar un hechizo. De la misma manera que una olla contiene agua, un círculo contiene la energía con la que trabajas.

Trazar un círculo también carga y bendice el hechizo con la energía de la Diosa. Mientras trabajas, sentirás su alimento, protección y amor bendiciéndote.

También puedes crear un círculo de la misma manera que un hechizo para marcar límites y como forma de protección cuando y donde lo necesites (véase «Hechizo para establecer límites», pág. 178; «Hechizo rápido de esfera de protección», pág. 176).

Esencialmente, la creación de un círculo proporciona un espacio seguro, sagrado y liminal, donde eres uno con el Espíritu y la Creación mientras lanzas los hechizos. Puedes trazar un círculo en cualquier lugar: en tu casa, jardín o lugar de poder, en la naturaleza o en un lugar sagrado.

Cómo trazar un círculo

Se puede hacer de forma muy sencilla:

1. Mira hacia el este, la dirección de la salida del sol, levanta tu mano dominante (puedes sostener una pluma, una flor, un sonajero o una varita si lo deseas) y gira lentamente, siguiendo la trayectoria del sol (en el sentido de las agujas del reloj, de izquierda a derecha, en el hemisferio norte; en el sentido contrario, de derecha a izquierda, en el hemisferio sur) hasta que hayas vuelto al este. Puedes situarte frente al altar mientras giras o recorres el perímetro del círculo, empezando y terminando en el este.

2. Mientras giras o caminas, visualiza una corriente de luz que fluye desde las puntas de tus dedos, o lo que sea que estés sosteniendo. Tómate tu tiempo.

3. Puedes detenerte en cada una de las cuatro direcciones y reconocer el elemento de esa dirección: en el hemisferio norte, girando en la dirección del sol (en el sentido de las agujas del reloj): Aire en el este, Fuego en el sur, Agua en el oeste, Tierra en el norte. En el este, simplemente di: «Bienvenido, Aire», en el sur: «Bienvenido, Fuego», etc. En el hemisferio sur, también girando en la dirección del sol (en el sentido contrario de las agujas del reloj):

Aire en el este, «Bienvenido, Aire»; Fuego en el norte, «Bienvenido, Fuego», etc., terminando de nuevo en el este.

4. Cuando vuelvas al este, verás que la luz sella un círculo completo a tu alrededor. Te percatarás de que el círculo se extiende en una esfera que te rodea a ti y la zona en la que estás trabajando.

5. Si lo deseas, puedes decir:

«Yo creo este círculo como un espacio seguro y sagrado,
un lugar entre los mundos donde estos se encuentran,
donde el Espíritu y la Tierra son Uno conmigo.
¡Que así sea!».

Respira, ánclate y céntrate

Como todo en la vida, los hechizos necesitan energía para funcionar. Si solo recurres a la tuya, pronto te encontrarás agotada. Por esta razón, las brujas suelen respirar, anclarse y centrarse antes de lanzar hechizos, para poder trabajar con las abundantes energías de la Madre Tierra.

Respirar

La respiración ayuda a despejar la mente y a calmar el cuerpo, reduce los niveles de estrés y te permite estar presente en el momento. Abre tu corazón y te conecta con el elemento

Aire y con la «Plant People» con la que respiras. Te ayuda a tener claridad cuando fijas tu intención y tus objetivos.

Anclarse y centrarse

Estas importantes prácticas energéticas te conectan con la Madre Tierra (anclarse) y con los elementos (centrarse), manteniéndote enérgica, equilibrada y alineada. A menudo, se utilizan antes de lanzar hechizos, pero pueden realizarse como hechizos en sí mismos (se te guiará a través de estas prácticas en el «Hechizo rápido para vivir bien», pág. 85; y en los hechizos de concentración pág. 78 y 85). Trabaja al aire libre para sentir las energías más fácilmente cuando empieces.

Conecta con lo Sagrado

Cuando lanzamos hechizos, las brujas, a menudo, recurrimos a poderes superiores a nosotras mismas. También puedes invitar, llamar o invocar a la Diosa, Dios, al Espíritu, a la Madre Tierra, a la Fuente, a lo que sea y a quien sea significativo para ti.

Para trabajar con los elementos, las plantas, los animales, los cristales y los objetos de poder (pág. 59) también necesitas conectar con ellos. Reconoce su carácter sagrado y siente la conexión con estos. Y expresa siempre gratitud.

Lanza un hechizo

No te preocupes, no te pongas nerviosa; no hay errores, solo oportunidades para reír y aprender. Abre tu corazón, confía y deja que la magia fluya dentro de ti y a través de ti y vuelva al mundo.

Sentir el hechizo

Cuanto más fuerte sea tu inversión emocional en el hechizo, más probable será que se manifieste. Los sentimientos profundos lo dotan de una energía con un poder que la mente no puede proporcionar por sí sola. Sin embargo, los impulsos inconscientes, la ira o los problemas oscuros pueden afectar al resultado. Esto puede ser exactamente lo que necesitas saber sobre ti misma para llevar a cabo los cambios que precisas. Pero, si conectas con las emociones positivas que hacen que tu corazón se abra con gratitud y alegría, tus hechizos tendrán resultados positivos.

Recibir la energía

Los hechizos a menudo dirigen las energías que contienen hacia ti y las mantienen dentro de ti, especialmente los hechizos para la sanación, la comunión y la creación de otros cambios positivos. Estas técnicas de «energía receptiva», que yo designo «Trabajo del Grial» porque tú eres el recipiente que recibe y retiene las energías divinas, incluyen la respiración, el anclaje, la meditación, la adivinación, la creación de un círculo y el hechizo «Atraer a la Luna» (pág. 251). El simple hecho de estar en un círculo te llenará de energía divina, y cuando hayas terminado, descansado, recargado y estés preparada, deberás devolver las energías restantes a la Madre Tierra (véase «Dirigir la energía», pág. 50) con gratitud.

Aumentar la energía

Los hechizos suelen conducir las energías hacia afuera, hacia la Creación y hacia los reinos del potencial infinito para manifestarse. Estas técnicas de aumento de la energía, que yo designo «Trabajo de Varita» porque diriges las energías para lograr la intención del hechizo y manifestar tu objetivo, incluyen cantar, entonar, bailar, correr, tocar el tambor o hacer ruido.

Al aumentar la energía, es posible que desees moverte alrededor del círculo en la dirección natural de esta:

★ Para crear, aumentar y manifestar, muévete en la dirección del movimiento del sol a través del cielo: en el sentido de las agujas del reloj (*deosil*), de izquierda a derecha, en el hemisferio norte; y en el sentido contrario (*widdershins*), de derecha a izquierda, en el sur.

★ Para disminuir, desterrar, purificar y realizar algunos trabajos de sanación, muévete en sentido contrario a las agujas del reloj en el hemisferio norte, y en sentido de las agujas del reloj en el sur.

Dirigir la energía

Cuando sientas que tu energía llega al máximo, dirígela con las manos hacia el hechizo, hacia lo que sea que estés cargando o, si es un hechizo de sanación, hacia la parte de tu cuerpo que necesita esa energía. Observa y siente cómo se manifiesta tu intención. Soy consciente siempre de que un universo vivo y sagrado está recibiendo mis energías, así que las dirijo con respeto y gratitud, confiando en que mi hechizo se manifestará de la mejor manera posible.

Devuelve cualquier exceso de energía que sientas a la Madre Tierra. Simplemente coloca las manos en el suelo y deja que las energías se muevan desde ti hacia ella.

Para realizar hechizos con éxito, debes incorporar las energías adecuadas a tu lanzamiento (respeto, reverencia y gratitud) porque las energías con las que estás trabajando son sagradas.

Fija el hechizo

Fijar el hechizo es como hacer un nudo en el extremo del hilo cuando terminas de coser: bloquea la energía e intención en su sitio. Una forma de fijar el hechizo es decir, con energía, «¡Que así sea!».

Da las gracias/Haz ofrendas

La gratitud es esencial para el éxito de los hechizos, y hacer una ofrenda es una forma maravillosa de expresar tu agradecimiento por las energías con las que has trabajado y, al mismo tiempo, dar algo a cambio. Cuando devuelves lo que te han dado, el equilibrio se mantiene en toda la Creación y de esta forma, siempre habrá suficiente para todos.

Cierra el círculo

Cierra o «destierra» siempre el círculo cuando hayas terminado:

Cómo cerrar un círculo

1. Comienza en el este y gira o camina en sentido contrario a las agujas del reloj (en hemisferio norte; en el hemisferio sur, en el sentido de las agujas del reloj), hasta regresar al este. Puedes dar las gracias a los elementos en cada una de las cuatro direcciones a medida que avanzas.

2. Visualiza la esfera de luz retirándose hacia el círculo de luz, y el círculo descendiendo hacia la Madre Tierra como una ofrenda de energía.

3. Declara: «¡El círculo está abierto!». (También puedes decir: «¡El círculo está cerrado!», ya que abierto y cerrado se utilizan indistintamente).

4. Puedes dejar el hechizo en el altar o en algún lugar seguro, pero límpialo después.

Actúa de acuerdo

No puedes esperar que la magia o un hechizo resuelva lo que no estás preparada para solucionar por ti misma. Lleva a cabo en tu vida diaria las acciones que te ayudarán a que el hechizo se manifieste.

El arte y el oficio de lanzar hechizos

«Todo objeto natural es un conductor, un canal, un medio de la divinidad… son un puente entre mundos a través del cual fluyen energías divinas».

PHYLLIS CUROTT, *Wicca Made Easy*

Los hechizos son creativos. Son obras de arte que captan todos tus sentidos, incluido el sentido de lo Sagrado, con incienso y aceites, luz de velas y luz de luna, agua del océano y tierra del jardín, caracolas y semillas, flores y frutas, objetos de poder y herramientas, altares y ofrendas.

Al elaborar y lanzar hechizos con los elementos y todos los dones de la Madre Tierra, en lugar de utilizar la naturaleza, *trabaja* con ella. La diferencia es grande: utilizar es dominar y explotar; es egoísta. En cambio, *trabajar* con ella es entrar en una relación basada en el respeto, la apreciación y la veneración.

Lanza los hechizos de salud y felicidad para vivir bien y contribuir al bienestar de la vida, y estarás manifestando tu mejor vida en armonía con lo que es mejor para la Creación. Esto es verdadera magia.

Hechizos artesanales

Muchos de los hechizos que he compartido incorporan métodos y objetos mágicos muy antiguos y populares que son sencillos, efectivos y se adaptan fácilmente a casi cualquier propósito u objetivo. Estos incluyen:

Bolsitas o paquetes de hechizos

Se trata de bolsitas o paquetes en los que se colocan los elementos para el hechizo: hierbas, monedas, cristales o piedras, un hechizo escrito o un sigilo (un símbolo mágico, una firma pictórica de una deidad o un espíritu, o un símbolo de tu intención u objetivo). Suelen estar hechos de saquitos de muselina, pañuelos de algodón o pequeños cuadrados de algodón del color adecuado, anudados o atados con cinta o cordón.

La magia de las velas

Las velas trabajan con el elemento del Fuego. Pueden tener inscritas o escritas palabras, símbolos o sigilos, y también pueden ser ungidas con aceites. Algunos hechizos sugieren dejarlas encendidas hasta que se consuman, en cuyo caso deben colocarse en un lugar seguro como un fregadero.

Pociones

Trabajar con hierbas (Tierra) y Agua para hacer una poción es una práctica de hechicería común que se utiliza a menudo para la purificación, el amor, la sanación, el cultivo de la intuición y la inducción de sueños. Las pociones se suelen preparar en forma de té, se añaden al vino o al zumo, se utilizan para infundir magia en un baño o se llevan en una botella o, si son solo hierbas, en un paquete.

Incienso

Al trabajar con hierbas (Tierra), Fuego y Aire, los inciensos son sencillos de crear y facilitan el camino del hechizo hacia la Creación y los reinos del Espíritu, también transforman tu entorno, tanto interior como exterior.

Herramientas y otras cosas útiles

Lo único que necesitas para lanzar un hechizo es a ti, pero hay una serie de objetos que harán que tu lanzamiento sea más fácil y creativo; también los necesitarás para la magia empática.

Estas son algunas de las herramientas comunes y otras cosas útiles para lanzar hechizos:

★ Bolígrafo y papel, un diario.

★ Una mesa pequeña para el altar.

★ Cuencos (la plata es maravillosa para la magia de la Luna).

★ Una escoba.

* Velas (usa blancas si no conoces el color específico de tu propósito).

* Candelabros.

* Hierbas (enumeradas en los hechizos, orgánicas y locales, si es posible).

* Mortero y maja.

* Un incensario, un caldero pequeño, un plato pesado o una colcha para el incienso.

* Carbón de incienso (nunca de barbacoa).

* Aceites esenciales (enumerados en los hechizos).

* Frascos pequeños para hierbas y aceites, o bolsas de plástico para hierbas.

* Sal.

* Pañuelos de algodón o bolsitas de muselina.

* Cintas (colores indicados en los hechizos).

* Un cuchillo pequeño de cocina.

* Tijeras.

* Cerillas.

* Alpiste, miel y otros obsequios para las ofrendas.

Altares

El altar es el lugar en el que se lanzan los hechizos. No siempre es necesario, pero puede ser muy útil y a menudo es hermoso y siempre mágico. Es una expresión de tu intención y tu creatividad. Puede ser tan simple o tan elaborado como quieras, permanente o creado para un solo hechizo. Suele colocarse en el centro del espacio o círculo, o en la dirección del elemento con el que estés trabajando.

Un altar permanente puede instalarse en cualquier lugar que sea seguro y no moleste, y utilizarse para otras prácticas espirituales como la reflexión y la meditación. Se le debe dar devoción y cuidado diario, aunque sea por poco tiempo.

Puedes utilizar el altar para cargar un hechizo, joyas, un proyecto en el que estés trabajando o un objeto de poder (a continuación). También puedes crear un altar para honrar a una deidad, a un animal, a un espíritu guía o a tus antepasados, o como un poderoso hechizo de autoafirmación (véase «Hechizo para celebrar tu éxito», pág. 172). El altar debe hablar desde tu corazón y a tu corazón.

Lanza hechizos y te darás cuenta de que hay altares en todas partes: un árbol caído en el bosque, una roca empujada a la orilla del mar hace miles de años, la mesa de la cocina de tu abuela… El altar está dondequiera que encuentres lo Sagrado.

Objetos de poder

Los hechizos suelen elaborarse con plantas (hierbas y resinas), minerales (cristales y piedras), plumas, caracolas, frutas, semillas, piedras y otros objetos naturales. Los objetos naturales encarnan la energía, por lo que son literalmente objetos de poder. Una rama puede convertirse en una varita, una caracola puede servir de copa, una piedra transformarse en un talismán de estabilidad, un cristal albergar recuerdos de la magia. Estos objetos te prestan su poder cuando lanzas hechizos, y te ayudarán a cambiar tu relación con la Naturaleza, con el Espíritu y contigo misma.

Los objetos de poder se encuentran mejor en la naturaleza, pero pueden ser regalos o compras. Sea cual sea el objeto que te llegue, es importante que le preguntes si está dispuesto a trabajar contigo como «objeto de poder» y, si procede, que se cargue con tu intención. Acércate a él lentamente y salúdalo con respeto. Es útil sentarse tranquilamente en su presencia, tocarlo y sostenerlo, y abrirse a sus energías. Escucha su voz.

Algunos seres están muy presentes y dispuestos a trabajar contigo, conectarás con sus energías fácilmente. Otros tardarán más en conectarse, como las piedras, cuyo sentido del tiempo es más lento que el nuestro. Pero todo objeto natural es un conducto de la divinidad: el Espíritu entra en el mundo a través de él y nos ayuda a conectar con este. Encarna el Espíritu. Acércate a los objetos naturales con reverencia, respeto y aprecio, y potenciarán el lanzamiento de hechizos.

Talismanes, amuletos, símbolos y sigilos

Los talismanes, los amuletos, los símbolos y los sigilos son venerables objetos de poder creados para una amplia gama de propósitos mágicos y hechizos. Pueden ser totalmente sencillos y naturales: un trozo de pergamino en el que has escrito un hechizo, un símbolo tallado en una vela, un sigilo dibujado para hacer magia, un pequeño frasco de tierra de tu casa que llevas colgado al cuello, una bellota que guardas en el bolsillo o una pieza de joyería, un cristal o un pequeño objeto para el hechizo. Sea cual sea la forma que adopte, un talismán, un amuleto, un símbolo o un sigilo siempre está cargado con tu propósito.

Plantas y hierbas

Las plantas son fundamentales para la vida y para muchos hechizos. También son seres vivos con espíritu. Son maestras, sanadoras y aliadas. Suelen llamarse hierbas (las resinas son una forma concentrada), y con ellas crearás inciensos, elixires de baño, bolsas mágicas, pociones y cataplasmas para todo tipo de metas como el amor, la curación, la prosperidad, la protección, la paz mental, la alteración de la conciencia y el destierro.

Las plantas, las hierbas y las resinas también son fuentes de aceites esenciales. Sus poderes y dones son una bendición: la menta nos anima, la lavanda nos relaja, la hierba de San Juan mejora la depresión, la digitalis ayuda a un corazón roto. Existe toda una rama de la antigua sabiduría de las plantas llamada «magia verde» o «brujería verde y de los setos», gran parte de la cual ha sido confirmada por la ciencia.

En la sección «Correspondencias e información útil» (pág. 263) encontrarás una lista de hierbas esenciales que puedes combinar para una amplia variedad de propósitos mágicos. Algunas son inusuales, pero la mayoría se pueden encontrar en las tiendas locales de alimentos saludables, supermercados o en los mercados de agricultores. Lo ideal es que las cultives tú misma. He incluido sustitutos para hierbas y plantas que pueden ser difíciles de encontrar o que plantean problemas éticos, como la salvia blanca (americana), que se está cosechando, a menudo ilegalmente, hasta tal punto que su supervivencia está en peligro.

Un mortero y una maja son útiles para moler y combinar hierbas. Recuerda que es importante qué parte de la planta utilizas y cómo la utilizas: una hoja puede ser medicinal, pero una raíz mortal, así que es esencial informarse sobre las plantas con las que trabajas.

También es fundamental tener en cuenta el impacto de los hechizos en la Madre Tierra. Busca ingredientes que provengan de fuentes saludables y sostenibles, encuentra sustitutos locales para los ingredientes exóticos y trabaja con las plantas que se encuentran en el lugar donde vives, dejando algo a cambio cuando las tomas. Y asegúrate de devolver las cosas a la Madre Tierra con agradecimiento cuando ya no las necesites. Acércate a todas las plantas y hierbas con respeto y tendrás un buen comienzo mágico.

Aceites

Los aceites esenciales son una parte apreciada y placentera de la hechicería. Se utilizan para consagrarse y ungirse a una misma, a las herramientas y a tu trabajo de hechicería; se añaden con frecuencia a las pociones de hierbas y a los inciensos (solo unas gotas o no se quemarán) y se frotan en las velas para mejorar el estado de ánimo y potenciar tu hechicería.

La aromaterapia ha popularizado tanto los aceites esenciales que puedes encontrarlos en la farmacia o en tiendas de regalos. Intenta localizar los orgánicos, ya que tienen mucha más pureza y poder, pero ten en cuenta la sostenibilidad, ya que la creación de aceites esenciales puede generar problemas medioambientales.

Minerales: cristales, gemas y piedras

Los cristales, las gemas y las piedras suelen formar parte de los hechizos y a menudo se tratan como si fueran inanimados. Pero, al igual que nuestros huesos, están vivos; crecen y cambian de la misma manera, en el mismo momento, en diferentes lugares del mundo. Respeta, conecta y trabaja con ellos, en lugar de utilizarlos, y potenciarán el hechizo con magia real.

Los cristales aceleran, amplifican y enfocan tus energías, pensamientos, intenciones y esfuerzos, así que trabaja con el (los) que sea apropiado para tu propósito. Todos los minerales ayudan a conectar con los poderes de la Tierra, con el color, la luz y la energía, y pueden tener un profundo efecto equilibrante en tu cuerpo, estado de ánimo, mente y espíritu.

Mientras lanzas hechizos, si están dispuestos, los cristales pueden cargarse con tu intención. También puedes llevarlos puestos o en el bolsillo, colocarlos en una bolsa o en un paquete, ponerlos en un altar y trabajar con ellos como talismanes o amuletos. Con el tiempo, un cristal, una gema o una piedra en particular puede convertirse en uno de tus objetos de poder y aliados espirituales más importantes.

Sin embargo, recuerda que la extracción de cristales puede originar problemas medioambientales, así que sé prudente y no despilfarres al trabajar con ellos. Además, las piedras de la tierra bajo tus pies, más que los cristales exóticos que vienen de lejos, pueden bendecirte con un poder y una sabiduría increíble. Simplemente, deja algo a cambio de lo que tomas.

Cristales de limpieza

No sumerjas los cristales en agua salada, ya que puede perforarlos. Una solución ligera de manzanilla o jabón suave en agua tibia funcionará.

Depende de sus energías, también puedes colocar los cristales en un lugar seguro del exterior y dejar que se carguen o absorban la energía del Sol, de la Luna o de la Madre Tierra.

Color

El color es energía, y es importante para lanzar hechizos. La ciencia ha confirmado que las diferentes longitudes de onda de la luz (desde el rojo, el más largo; pasando por el naranja, el amarillo, el verde, el azul y el índigo; hasta el violeta, el más corto) tienen propiedades y efectos específicos. El rojo es el color del poder y del amor apasionado; los psicólogos han confirmado que las personas se sienten energizadas, incluso enfrentadas, cuando están rodeadas de rojo. Por lo tanto, un hechizo para el amor, la pasión o el empoderamiento se creará con un mantel rojo para el altar, velas y ropa roja, piedras, flores e incluso alimentos rojos. En el otro extremo del espectro, el azul es el color de la paz y la sanación, ese es su efecto en la gente y cómo se utiliza en los hechizos.

Los cuatro elementos tienen colores específicos asociados a ellos, al igual que los siete chakras. La sección «Correspondencias» proporciona información útil para trabajar con los colores durante el lanzamiento de hechizos (pág. 263).

Sostenibilidad y hechicería

El creciente interés por la brujería, la hechicería y la rápida comercialización de plantas, hierbas, aceites, cristales, minerales y otras fuentes naturales de bienestar están suscitando una gran preocupación por la sobreexplotación, por las prácticas extractivas y por el daño que se está haciendo a las comunidades de plantas, animales y minerales, a la Madre Tierra.

Busca siempre hierbas de origen ético y orgánico, o cultívalas tú misma. Utiliza hierbas comunes en lugar de plantas raras o amenazadas, como la salvia blanca, que, como se ha mencionado anteriormente, ha sido peligrosamente y a menudo ilegalmente sobreexplotada. Considera la posibilidad de sustituir los aceites que generan estrés en las plantas y el planeta. El aumento de la demanda de velas de cera de abeja ha provocado un trato poco ético de estas y de sus colmenas, así que considera la posibilidad de comprar a apicultores que lleven a cabo prácticas agrícolas éticas o de utilizar velas no tóxicas y sostenibles hechas con alternativas de origen vegetal, como la soja orgánica, el coco o la cera vegana. Contempla también la posibilidad de limitar el uso de cristales, ya que a menudo se extraen de forma poco ética, explotadora y dañina para la Tierra.

La magia de la naturaleza recomienda no tomar más de lo que se necesita y devolver en la misma medida, para que siempre haya suficiente para todos. La Madre Tierra es sagrada, así que esforcémonos por lanzar nuestros hechizos de forma reflexiva, respetuosa y sagrada.

LOS HECHIZOS

Los hechizos

Los hechizos presentados a continuación son viejos y nuevos, rápidos y fáciles, lentos e intencionados. Algunos se manifestarán rápidamente, otros gradualmente, otros de forma inesperada o no se manifestarán en absoluto. Pero cada hechizo que lances manifestará la magia más importante de todas: te cambiará. Te dará lo que necesitas saber sobre ti para vivir bien y en el asombro.

Estos hechizos para vivir bien abordan necesidades y anhelos que muchos de nosotros tenemos, sin embargo, la forma en que los experimentarás será única. También te darás cuenta de que son versátiles, puedes adaptarlos como necesites o quieras. Un hechizo de destierro puede ayudarte a que te deshagas de malos hábitos o relaciones tóxicas, energías negativas o patrones negativos, mala salud o pobreza. Un hechizo de abundancia puede ser utilizado para la riqueza, el crecimiento personal, una casa más grande, el éxito en una carrera o proyecto o para la encarnación espiritual expansiva. Un hechizo de sanación puede ayudarte a reparar un corazón, un cuerpo o un espíritu herido. Y un hechizo para el amor puede contribuir a que te ames a ti misma, a encontrar el amor de tu vida, a expandir tu experiencia de lo que puede ser el amor o a redescubrir el amor de la Madre Tierra. Haz tuyos los hechizos y haz tu magia.

Que estos hechizos te ayuden a cambiar, a vivir bien y en el asombro y que hagas del mundo un lugar mejor con todo lo que manifiestes.

Ha llegado el momento…

*Enciende la vela y toca
la campana, pasa la página
y lanza el hechizo…*

HECHIZOS CON LOS
ELEMENTOS DE LA NATURALEZA

Estos hechizos son el punto de partida de toda magia.
Se puede trabajar con ellos para muchos propósitos
y son frecuentemente incorporados en otros hechizos.
Te conectarán con las energías sanadoras y
enriquecedoras de la naturaleza y con los poderes
naturales que hay en ti. Son sencillos, fáciles
de hacer y fortalecedores.

Hechizo de Aire para la atención plena

El Aire es el elemento de la conciencia, el primer elemento con el que trabajas cuando fijas tu intención. La mayoría de los hechizos comienzan con la respiración para despejar y centrar la mente. La respiración es también una forma mágica de meditar para manifestar y conectarse con la Creación. Lanza este hechizo y descubrirás que lo Divino está a solo una respiración de distancia. Y eso lo cambia todo…

Lanza este hechizo de respiración en cualquier momento y lugar. Solo unas pocas respiraciones harán magia.

Necesitarás

~ Un lugar tranquilo.
~ Unos diez minutos.

Lanza el hechizo

1. Siéntate y relájate. Cierra los ojos y respira profundamente de forma natural.
2. Inhala contando hasta tres.
3. Aguanta la respiración mientras cuentas hasta dos.
4. Exhala contando hasta cinco.
5. Continúa respirando lentamente, de forma plena y natural: inhala, cuenta hasta tres; aguanta la respiración, cuenta hasta dos; exhala, cuenta hasta cinco.
6. Siente cómo tu cuerpo y tu mente se calman y se despejan.

7. Es útil saber que los pensamientos irán entrando en tu mente. Deja que vengan y se vayan, y no te preocupes. Simplemente conduce la atención de nuevo a tu respiración, y eso te devolverá al momento presente.

8. Si necesitas energía, concéntrate en el oxígeno que se mueve por tu cuerpo llenándote de vida. Siente cómo la energía te recorre, te nutre, te sostiene, te revitaliza.

9. Siente la energía de la Creación fluyendo a través de ti. Nunca estás sola. Cada respiración te conecta con lo Sagrado.

10. Continúa respirando a un ritmo lento, relajado y natural.

11. Cuando estés preparada, abre los ojos.

12. El hechizo está lanzado.

Actúa de acuerdo

Siempre que estés tensa, confundida o ansiosa, respira profundamente cinco veces y siente cómo tu mente se despeja y tu cuerpo se relaja.

Hechizo de Fuego para la energía

El Fuego es el elemento de la energía, la transformación y la alegría. Es la fuerza del Sol la que hace crecer toda vida, es la energía del Espíritu. Es tu poder para crear tu vida, para cambiar, para vivir bien y con alegría. Este hechizo de Fuego te dará la energía para alcanzar tus objetivos, sean cuales sean.

Necesitarás

~ Una vela del color adecuado para tu objetivo (véase pág. 271).

~ Cerillas.

~ Un cuchillo pequeño.

Lanza el hechizo

1. Visualiza tu objetivo con claridad.
2. Talla una palabra o símbolo en la vela.
3. Sujétala frente a tu corazón. Cárgala con tu intención.
4. Da la bienvenida al poder del Fuego y a su ayuda para lograr tu objetivo.
5. Enciende la vela.
6. Acerca las manos a la llama y siente el inmenso calor que desprende incluso una tan diminuta.
7. Lleva el fuego, su energía y su luz a tu estómago, tu centro de poder.
8. Di: «¡La llama de la vida que arde dentro de mí!».
9. Concéntrate en el fuego de tu vientre, el poder de llevar a cabo tus objetivos.
10. Cuando estés lista, agradece al Fuego y apaga la vela.
11. Guarda la vela para volver a encenderla cuando necesites la energía para triunfar.

Actúa de acuerdo

Pasa a la acción para manifestar tu objetivo.

Hechizo de Agua para la Purificación

El Agua es el elemento de nuestra unión. Es el elemento del amor y no podemos vivir sin él. Este hechizo te bendice con la pureza natural del Agua con el fin de disolver cualquier bloqueo interno, pena o sufrimiento, y de liberar tus sentimientos positivos y tu amor para que fluya a través de ti y hacia el mundo.

Necesitarás

~ Un vaso de agua.

Lanza el hechizo

El momento ideal para lanzarlo es por la mañana con el primer vaso de agua que bebas. Sin embargo, lanza este hechizo siempre que necesites pureza y las bendiciones del Agua.

1. Llena un vaso con agua fría.
2. Levanta el vaso y mira la claridad del agua, su pureza.
3. Agradece al Agua por sus bendiciones. Pídele que te ayude a purificarte.
4. Bebe el agua lentamente.
5. Siente su pureza moviéndose a través de ti, limpiándote desde dentro. Siente cómo se disuelve y se lleva todo lo que necesitas liberar.
6. Dale las gracias al Agua.

Actúa de acuerdo

Repite el hechizo cada mañana. No hay desperdicio en la naturaleza, así que lo que el Agua se lleve alimentará a los peces y nutrirá a los océanos.

HECHIZO DE TIERRA PARA ANCLARSE

Este hechizo es profundamente fortalecedor. Conéctate energéticamente con la Madre Tierra y su poder nutritivo, y su amor te revitalizará, fortalecerá y sanará. Te cargará de energía para lanzar hechizos y vivir bien, y profundizará tu relación con tu cuerpo y con ella.

Necesitarás

~ Un lugar tranquilo; puede ser en el interior, pero al aire libre es más potente.

~ Una pequeña ofrenda y un poco de agua.

~ Un árbol que esté dispuesto a trabajar contigo, si es posible. Sabrás que está dispuesto a colaborar en el momento en que sientas una sensación de calidez y acogida cuando te acerques a él.

Lanza el hechizo

1. Siéntate cómodamente en el suelo o en la tierra, con la espalda pegada al árbol. Dale las gracias al árbol.

2. Pide ayuda a la Madre Tierra. Cierra los ojos y siente su presencia sosteniéndote desde abajo. Siente que te acepta.

3. Siéntate recta y siente cómo tu espalda se vuelve fuerte y sólida, como un árbol enraizado en la Madre Tierra.

4. Exhala. Imagina, siente que envías raíces desde la base de tu columna vertebral hacia la Madre Tierra. Poco a poco, percibe cómo tus raíces descienden, se expanden y te conectan con la Madre Tierra.

5. Siente que te acoge, que te rodea, que te abraza con amor. Siéntete enraizada como un árbol en la Madre Tierra.

6. Ahora, inhala y percibe la energía de la Madre Tierra manando hacia ti. Siente su fuerza vital fluyendo hacia tus raíces, subiendo por tu columna vertebral, a través de tu cuerpo, a través de tu conciencia. Siente su energía y su amor energizándote y bendiciéndote.

7. Es posible que percibas un cosquilleo o sensaciones de calor, luz y energía. Siente su amor nutritivo y sanador fluyendo hacia tu corazón.

8. Dirige la energía hacia cualquier parte de tu cuerpo o de tu espíritu que necesite amor o sanación. Siente que te curas, te nutres, te fortaleces, te amas.

9. Cuando estés preparada, retira suave y lentamente tus raíces de la Madre Tierra y enróscalas en la base de tu columna vertebral.

10. Si te sientes mareada, pon las palmas de las manos y las plantas de los pies en el suelo y devuelve el exceso de energía a la Madre Tierra (este acto también se conoce como «anclarse»). Tómate tu tiempo. Bebe un poco de agua.

11. Agradece a la Madre Tierra, agradece al árbol, deja tu ofrenda y vierte el agua para el árbol.

12. El hechizo para anclarse está hecho.

Actúa de acuerdo

Reflexiona sobre lo que se siente al desarrollar una relación personal con la Tierra como madre, cómo cambia tu forma de pensar y actuar.

HECHIZO DE CONCENTRACIÓN PARA EL EQUILIBRIO

Traza un círculo y lanza este hechizo para concentrarte, para lograr el equilibrio interior y el equilibrio en tu vida. Este hechizo de concentración funciona con cada uno de los cuatro elementos y direcciones. Tiene el objetivo de ayudar a que te veas claramente, a que te aceptes tal y como eres y a que te centres de manera positiva con el fin de alcanzar una vida más estable y equilibrada. Lanza este hechizo y crearás equilibrio y bienestar en todos los aspectos de tu ser, al mismo tiempo que conectas con el amplio y sagrado mundo que habitas.

Necesitarás

~ Paz y tranquilidad.

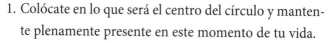

Lanza el hechizo

1. Colócate en lo que será el centro del círculo y mantente plenamente presente en este momento de tu vida.
2. Mira hacia el este, la dirección del Aire. Pregúntate:

«¿Pienso demasiado o no lo suficiente antes de actuar?
¿Estoy cuestionando y aprendiendo o preocupándome
y dudando?».

3. Respira y tranquiliza la mente. Mira y acéptate tal y como eres.
4. Mira hacia la dirección del Fuego (sur en el hemisferio norte, norte en el hemisferio sur) y alcanza el Sol. Pregúntate:

«¿Estoy asustada o decidida a aconseguir mi propósito?
¿Qué me da alegría?».

5. Siente el torrente de energía en el centro de tu ser.
6. Mira hacia el oeste, la dirección del Agua. Pregúntate:

«¿Estoy en contacto con mis sentimientos o los reprimo?
¿Me quiero lo suficiente o estoy dando demasiado de mí?».

7. Di: «Te quiero», y abrázate.
8. Mira hacia la dirección de la Tierra (norte en el hemisferio norte, sur en el hemisferio sur) y tócala. Pregúntate:

«¿Estoy trabajando demasiado y no me estoy cuidando?
¿Qué necesita ser sanado?».

9. Dale las gracias a tu cuerpo y promete cuidarte mejor.

10. Vuelve al este y respira profundamente.

11. Coloca las manos en tu corazón. Siente lo presente que estás. Siente la energía en el centro de tu ser.

12. Siente lo concentrada y equilibrada que estás. El hechizo está lanzado.

Actúa de acuerdo

Repite este hechizo siempre que lo necesites verificándolo contigo misma en cada una de las direcciones, honrándote a medida que te vuelves más equilibrada, más completa y en paz.

Hechizos rápidos

con los elementos

Lanza estos hechizos cuando no dispongas de mucho tiempo, pero necesites un gran cambio en tu pensamiento, energía, sentimientos o acciones.

AIRE: HECHIZO RÁPIDO PARA EL CAMBIO

La palabra «encantamiento» significa «cantar para manifestar el objetivo del hechicero». Las brujas (y los budistas) saben que aquello en lo que te concentras cuando estás en estado de meditación se manifestará. Así que decide lo que quieres cambiar o manifestar y lanza el hechizo con este poderoso canto.

Necesitarás

~ Decidir qué cambio quieres manifestar.
~ Bolígrafo y papel.

Lanza el hechizo

1. Fija tu intención. Escríbela (debe ser una sola palabra o una frase sencilla) y sostenla en tu mano dominante.
2. Cierra los ojos y respira.
3. Observa el cambio que se está produciendo y canta:

«Ella cambia todo lo que toca y todo lo que toca cambia…».

4. Canta hasta que sientas que tu energía llega a su punto más elevado y entra en el reino del potencial infinito.
5. Agradece al Aire por llevar tu intención a la Creación. Agradece a la Creación por aceptar el hechizo. Y dale las gracias a Ella, a la que lo cambia todo por ayudarte.

Actúa de acuerdo

Realiza las acciones necesarias para manifestar el cambio.

FUEGO: HECHIZO RÁPIDO PARA RECARGAR ENERGÍA

Este hechizo te recargará y te renovará con el poder del Sol.

Necesitarás

~ Diez minutos.
~ Luz solar.

Lanza el hechizo

1. Sal al exterior y recibe diez minutos de luz solar. Intenta hacerlo a primera hora de la mañana, sin gafas de sol, para que la luz incida en tu retina y desencadene las sustancias químicas positivas del cerebro.
2. ¡Dóblate, estírate, muévete!
3. Alcanza el Sol y tócalo. Sujétalo con las manos y llévalo a tu estómago.
4. Siente cómo la energía del Sol se convierte en tu energía.
5. Agradece al Sol por sus bendiciones.

Actúa de acuerdo

Siente cómo tu energía se hace más fuerte y brillante con cada lanzamiento de este hechizo.

AGUA: HECHIZO RÁPIDO DE BENDICIÓN PARA EL AMOR

El Agua conecta todas las cosas. Cualquier cosa que pongas en ella irá a todas partes. Este hechizo te ayudará a cargar el agua con oraciones para la paz, la sanación, el amor, la conexión u otros sentimientos o resultados positivos para ti y para el mundo. Este es un hechizo para bendecir el Agua y ser bendecido por ella.

Necesitarás

~ Un vaso de agua.

Lanza el hechizo

1. Llena un vaso con agua fría.
2. Agradece al Agua por sus bendiciones y por la vida que te da.
3. Acerca el vaso a tu corazón y envía tu amor y bendición, lo que desees otorgar y recibir, al Agua.
4. Bébela lentamente.
5. Siente el amor y las bendiciones del Agua fluyendo a través de ti.
6. Dale las gracias al Agua.

Actúa de acuerdo

Vierte el agua en tus plantas o en la Madre Tierra.

TIERRA: HECHIZO RÁPIDO PARA ANCLARSE

Cuando no tengas tiempo ni para sentarte, pero necesites anclarte, sanación y energía, lanza este hechizo.

Lanza el hechizo

1. Ponte de pie con los pies separados firmemente plantados en el suelo. Pide ayuda a la Madre Tierra:

   *«Madre de quien fluyen todas las bendiciones,
   acudo a ti para que me ayudes a crecer.
   Madre de quien fluye toda bendición,
   acudo a ti para que me ayudes en mi evolución».*

2. Siente su fuerza y su apoyo, su alimento y su amor fluyendo a través de las plantas de tus pies, a través de tu cuerpo, hacia cualquier lugar que necesite sanación o energía, alimento o amor.
3. Deja que la energía de la Madre Tierra llene tu corazón.
4. Cuando termines, dale las gracias.

HECHIZO RÁPIDO DE CONCENTRACIÓN DIARIO

Lanzo este hechizo cada mañana en mi jardín. Solo lleva unos minutos y pondrá en equilibrio tu mente, energía, corazón, cuerpo y espíritu, bendiciéndote con todos los poderes que necesitas para crear la vida que mereces.

Lo mejor es lanzarlo a primera hora de la mañana.

Necesitarás

~ Una ofrenda de alpiste o de agua, si estás en el exterior.

Lanza el hechizo

1. Mira hacia el este y di: «Que mi mente esté hoy despejada».
2. Mira hacia el sur (o hacia el norte en el hemisferio sur) y di: «Que mi energía sea hoy alegre».
3. Mira hacia el oeste y di: «Que mi corazón esté hoy abierto al amor».
4. Mira hacia el norte (o hacia el sur en el hemisferio sur) y di: «Que mi cuerpo esté hoy fuerte y sano».
5. Mira hacia el este, alcanza el Sol, baja a la Tierra y di:

> *«Sol arriba, Tierra abajo,*
> *estoy entre vosotros,*
> *ayudadme a crecer».*

6. Siente que estás en el centro de tu vida, equilibrada y conectada con la Creación.
7. Da las gracias, haz tu ofrenda y comienza el día.

Hechizos rápidos y sencillos para un día mágico

Las energías de un solo día son el equivalente a pequeña escala de los grandes ciclos de las estaciones y de la Luna. Lanza estos hechizos a lo largo del día para sintonizar y aprovechar estas energías, manifestar tus objetivos y disfrutar del placer de la magia sencilla y cotidiana.

ᕼECHIZO MATUTINO

El amanecer o la mañana es el momento de los comienzos, de hacer nuevos planes, de fijar intenciones, de iniciar nuevos proyectos, de la adivinación y del asombro.

Lanza el hechizo

1. Por la mañana, antes de que tu día comience oficialmente, saluda al Sol y saca una carta de tu baraja de tarot para recibir una guía divina mientras fijas tu intención del día.

ᕼECHIZO DEL MEDIODÍA

Desde el amanecer hasta el crepúsculo, el Sol es fuerte, la Tierra está creciendo y las energías de acción, abundancia, atracción y manifestación son abundantes. Utiliza este momento y estas energías naturales para pasar a la acción y trabajar para alcanzar tus objetivos.

Lanza el hechizo

1. Al mediodía, tómate unos minutos para recargarte con el Sol.
2. Reconoce lo que has conseguido por la mañana y luego fija tus objetivos para la tarde. Y si es uno de esos días en los que salir de la cama es todo lo que puedes

conseguir, sé amable y comprensiva contigo. Una pequeña cosa es suficiente. (Véase también «Hechizos para vencer la inercia con una pequeña acción», pág. 198).

HECHIZO DEL CREPÚSCULO

El crepúsculo es el momento de cosechar, reflexionar y disfrutar de los logros.

Lanza el hechizo

1. Sal a dar un paseo al aire libre, contempla la puesta de sol y respira aire fresco.
2. Date cuenta de todo lo que has conseguido hoy y reflexiona sobre las ideas que has tenido.
3. Cuando llegues a casa, honra y disfruta de aquello por lo que has trabajado tan duro, siéntate a cenar para celebrarlo.

HECHIZO DE MEDIANOCHE

La medianoche es el momento de soñar, de las reflexiones internas, de la liberación y del descanso.

Lanza el hechizo

1. Prepara una taza de té de manzanilla con una cucharadita de miel y una pizca de sal y dedica unos minutos a relajarte y disfrutar de él.
2. Respira profundamente para calmarte. Es hora de ir a la cama...

Un mes de hechizos lunares

La Luna, en todas sus fases, es la señora de la magia, con su luz plateada siempre cambiante y su fuerza de marea que convoca mares y semillas, las vidas de las mujeres, las almas y las psiques de todos los que buscan su magia. Ella nos habla a todos, nos cambia a todos, nos bendice a todos. Aquí tienes cuatro hechizos para la magia de cada una de sus fases. Lanza los hechizos lunares bajo su luz y su magia cambiará tu vida.

Hechizo de la luna nueva, la Doncella, para fijar intenciones (cargar un amuleto de intención)

La luna nueva, una franja creciente que aparece al principio de cada nuevo ciclo lunar, es la doncella de la Luna, el momento de la esperanza, del renacimiento y de la energía, de los comienzos, la planificación, la fijación de intenciones y el inicio de proyectos. Esta fase está presidida por diosas doncellas como Diana, Artemisa, Hina, Luna, Ishtar e Iemanjá.

Lanza este hechizo para cargar un cristal, una herramienta, una pieza de joyería, un objeto o un poder, etc., con tu intención. Hazlo bajo la luz de la luna nueva y al aire libre, si puedes.

Necesitarás

~ Una pieza especial de joyería, u otro objeto, para cargar con tu intención.

~ Una vela del color que corresponda con tu objetivo (ver pág. 271).

Lanza el hechizo

1. Traza un círculo.
2. Llama a la Doncella para que bendiga, potencie y cargue tu intención y también te cargue a ti.
3. Visualiza tu objetivo.
4. Enciende la vela.
5. Carga el amuleto de intención: sujeta el objeto y aumenta la energía bailando y cantando el hechizo:

«Lo que veo, sé que será,
lo que creo, sé que sucederá».

6. Mantén el amuleto junto a tu corazón palpitante y dirige tu energía hacia él.
7. Levántalo hacia la Luna y siente cómo las energías seguras de la Doncella cargan tu amuleto y también te cargan a ti.
8. Ponte el amuleto de intención o colócalo donde puedas verlo y tocarlo durante el próximo mes.
9. Apaga la vela y prepara el hechizo, declara: «¡Que así sea!».
10. Agradece a la diosa de la luna nueva.
11. Cierra el círculo.

Actúa de acuerdo

Lleva puesta la joya o mantén el objeto a la vista mientras planeas y actúas para conseguir tus objetivos.

Guarda la vela de intención y úsala cuando lleves a cabo el «Hechizo de la luna llena, la Madre, para manifestar» (a continuación).

HECHIZO DE LA LUNA LLENA, LA MADRE, PARA MANIFESTAR

La luna llena lleva las cosas a buen puerto, a la plenitud del ser. Es el momento de manifestar la abundancia, el amor, la plenitud, la creatividad, cualquier cosa que sea tu intención.

Durante la luna llena, la Diosa te bendecirá con la magia de su presencia y su poder. Ella es Selene, Cerridwen como la Cerda Blanca, Freya y el dios inuit Alignak. Lanza el hechizo a la luz de la luna llena para manifestar todo lo que necesitas para vivir bien y en el asombro.

Lánzalo bajo la luz de la luna llena y al aire libre, si puedes.

Necesitarás

~ La vela de intención o una de un color apropiado.

~ El amuleto de intención.

~ Un símbolo u objeto que represente tu objetivo.

~ Un cuenco de agua.

~ Algo para comer y beber (para anclarse).

Lanza el hechizo

1. Traza un círculo.
2. Respira, ánclate y céntrate.
3. Enciende la vela de intención. Sitúala de forma segura en el suelo (colócala en un vaso o en un portavelas de huracán).
4. Pon el cuenco de agua en el suelo para que se cargue con el poder de la luna llena mientras trabajas.
5. Sujeta o lleva puesto el amuleto de intención y di lo que quieras manifestar. (Amor, prosperidad, felicidad…).
6. Llama a la diosa de la luna llena para que te bendiga:

«Diosa de la brillante luna llena,
acudo a ti en busca de bendición,
¡con trabajo y magia, transforma
mi intención en manifestación!».

7. Sujeta el objeto que representa tu intención en alto o coloca una mano en el amuleto de intención en forma de joya, y levanta la otra hacia la Luna para cargarla y cargarte con el poder de la luna llena.

8. Mira hacia la Luna repitiendo el conjuro hasta que sientas sus poderes de manifestación dentro de ti. Baila mientras cantas.

9. Cuando sientas que la energía disminuye, cruza los brazos sobre tu corazón.

10. Entierra cualquier exceso de energía en la Madre Tierra. Come y bebe para anclarte.

11. Cuando estés lista para cerrar el círculo, mantén el agua mirando hacia la Luna. Vierte cuidadosamente un poco sobre la Madre Tierra. Más tarde, vierte el agua cargada por la Luna en una botella transparente para futuros hechizos.

12. Agradece a la diosa de la luna llena por bendecirte mientras manifiestas el hechizo y tu vida.

13. Apaga la vela.

14. El hechizo está lanzado.

15. Cierra el círculo.

Actúa de acuerdo

Actúa para manifestar el hechizo.

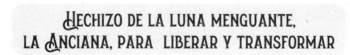

HECHIZO DE LA LUNA MENGUANTE, LA ANCIANA, PARA LIBERAR Y TRANSFORMAR

La luna menguante es la hoz que cosecha. Es el momento de soltar, de desterrar, de acabar con lo que ya no aporta nada en tu vida. El poder de la luna menguante en forma de hoz lo ejercen las diosas ancianas, sobre todo Hécate. Ella es una deidad ctónica (de la Tierra) que se encuentra en la encrucijada de la vida, así que lanza este hechizo y haz los cambios que necesites para dejar ir el pasado y avanzar con sabiduría.

Lánzalo bajo la luz de la luna menguante y al aire libre, si puedes.

Necesitarás

~ Una maceta con tierra o, si estás en el exterior, una pala de mano.
~ Bolígrafo y un papel pequeño.
~ Una toalla para limpiarte las manos.

Preparación

~ Purifícate y purifica tu espacio con agua salada y salvia quemada.

Lanza el hechizo

1. Traza un círculo.
2. Coloca la maceta de tierra o, si estás en el exterior, la pala delante de ti.

3. Llama a Hécate, diosa de la luna menguante, diosa de la tierra profunda, y expón tu petición:

«Hécate, sabia diosa de la encrucijada,
ayúdame a liberar [X].
Abre el camino para mi futuro».

4. Escribe lo que quieres desterrar, soltar o liberar.
5. Rompe el papel en trozos pequeños.
6. Entierra los trozos en la maceta o en la antigua tierra, y mientras lo haces, canta:

«Llévatelo, llévatelo,
Hécate, Hécate, llévatelo.
Al pasado va lo desterrado, ahora el futuro fluirá
libre. Yo lo creo porque es mío. Mi poder, lo recibo».

7. Agradece a la Tierra por aceptar y transformar lo que has enterrado y liberado.
8. Siente cómo se abre el espacio dentro de ti. Siente cómo se abre el camino ante ti.
9. Dale las gracias a Hécate. Agradece a la Tierra. Agradécete a ti misma por desterrar lo que necesitaba ser expulsado.
10. ¡El hechizo está lanzado!
11. Cierra el círculo.

Actúa de acuerdo

Deja atrás el pasado y actúa de acuerdo a tu visión del futuro.

ḤECHIZO DE LA LUNA NEGRA PARA ADIVINAR EL FUTURO

La luna negra es invisible. Es un tiempo de misterio. Es el momento de hacer una pausa, de esperar, de permanecer pacientemente en el lugar intermedio donde el pasado se ha esfumado pero el futuro aún no ha aparecido. La luna negra es cuando aprendes lecciones, disciernes el significado y te vuelves más sabia. Es el momento de la adivinación. El misterio se esconde a plena vista, pregunta y se te revelará.

Lanza este hechizo y pregunta lo que necesitas saber.

Necesitarás

~ Una vela púrpura.

~ Una botella de agua cargada por la Luna (véase pág. 94, paso 4).

~ Un cuenco.

~ Tu método favorito de adivinación o el ángel de la biblioteca (pág. 41).

~ Bolígrafo y papel o tu diario.

~ Un vaso de vino tinto (o zumo).

~ También puedes crear polvo o incienso de poder psíquico. Utiliza una cucharadita de cada uno de los siguientes productos: goma de lentisco o incienso, canela, sándalo, clavo y mirra.

~ Incensario y carbón de incienso.

~ Cerillas.

~ Mortero y maja.

Lanza el hechizo

1. Traza un círculo.
2. Reflexiona sobre lo que necesitas saber.
3. Muele los ingredientes del polvo de poder psíquico juntos concentrándote en tu pregunta.
4. Espolvoréalo en forma de círculo. Frota un poco de este en tu tercer ojo (no te lo metas en los ojos) y en tus manos.
5. Vierte el agua cargada de Luna en el cuenco.
6. Enciende la vela. Colócala detrás del cuenco para que la luz se refleje en el agua. Espolvorea el polvo alrededor del cuenco y la vela. Enciende una pequeña cantidad, si lo deseas.
7. Invita a la Diosa oculta para que te guíe:

   «Diosa de la luna negra, diosa del misterio, acompáñame, guíame, responde mi pregunta».

8. Cierra los ojos. Respira.
9. Haz la pregunta.
10. Abre los ojos y mira fijamente el agua. Deja que estos se desenfoquen y se desplacen sobre ella. Puedes mover el cuenco para que la llama se agite. Respira y ábrete a recibir ideas, imágenes y palabras que guíen tus próximos pasos. Cuando las visiones hayan pasado, escríbelas.
11. Si necesitas más claridad, utiliza tu método de adivinación favorito o consulta al ángel de la biblioteca (pág. 41). Acércate la herramienta de adivinación al corazón y pregunta: «¿Qué necesito saber sobre [X o el mensaje que me ha transmitido]?».

12. Reflexiona sobre lo que te ha mostrado. Escribe acerca de ello en tu diario.

13. Vierte un poco de vino o zumo en el cuenco del agua como ofrenda a la luna negra.

14. Dale las gracias. Bébete el vino o el zumo. Tómate tu tiempo. Siente la presencia liminar que te guía.

15. Apaga la vela.

16. Cierra el círculo.

Actúa de acuerdo

Vierte el agua y el vino o el zumo sobre la Madre Tierra como ofrenda.

Acepta los consejos que te ha dado.

Un año de hechizos

estacionales

*Durante un año cargado de magia fortalecedora,
lanza uno de estos sencillos hechizos cada seis
semanas. Te ayudarán a poner tu vida en profunda
resonancia con las energías del Sol y de la Tierra,
sintonizándote y alineándote con el ritmo del poder
regenerador de la vida. Lanza hechizos en sincronía
con los grandes ciclos de nacimiento, crecimiento,
fructificación, descanso y renacimiento; y tu vida será
más fácil, más pacífica, más productiva y más
sagrada. Lanza estos hechizos estacionales
y crea una vida mágica.*

HECHIZO DE SAMHAIN PARA HONRAR A LOS ANTEPASADOS Y SOÑAR CON EL FUTURO

31 de octubre, hemisferio norte

1 de mayo, hemisferio sur

¡Honra el pasado, sueña con el futuro! Este hechizo de Samhain honra a tus antepasados, pero puede ser adaptado fácilmente para dejar ir el pasado y visualizar el futuro. Honrar a tus antepasados te ayudará a sanar el trauma familiar, liberándote para crear la vida que deseas. Si el trauma implica una agresión sexual o física, empieza por trabajar con otros antepasados que te guíen y te den cariño. Lanza este hechizo liminal cuando el velo entre los mundos del Espíritu y de la Vida se levante para preparar un nuevo ciclo del ser.

Necesitarás

~ Una vela blanca.

~ Una ofrenda de comida.

~ La foto de un antepasado o de un ser querido que haya fallecido.

~ Una mesa para el altar.

~ Incienso guía del Espíritu:

 ▫ Una parte de aceite de incienso.

 ▫ Una parte de aceite de sándalo.

 ▫ Tres gotas de aceite de vainilla.

~ Mortero y maja.

~ Carbón vegetal para incienso.

~ Un incensario.

~ Cerillas.

~ Flores de temporada, frutas y otros objetos de belleza y memoria.

~ Un sonajero.

~ Un método de adivinación.

~ Bolígrafo y papel, o tu diario.

Preparación

~ Prepara el altar ancestral en el oeste o de cara al oeste, la dirección de los antepasados.

Lanza el hechizo

1. Traza el círculo.

2. Enciende la vela. Pon una cucharadita de incienso sobre el carbón encendido.

3. Mira hacia el oeste, coloca la mano sobre tu corazón y luego levanta los brazos hacia afuera. Observa la puerta del oeste abriéndose para que entren tus antepasados. Pídeles que estén contigo y dales la bienvenida. Puedes invitar a un antepasado a ser tu ayudante y guía en el futuro. Es posible que sientas un descenso o un aumento de la temperatura, que veas velas parpadeando o que sientas una presencia cariñosa.

4. Siéntate frente al altar. Comienza a agitar el sonajero lentamente al ritmo de los latidos de tu corazón.

5. Pide a tus antepasados que hablen contigo. Abre tu corazón. Diles lo que no tuviste la oportunidad de decirles cuando estaban vivos. Utilizando tu método

de adivinación, pregúntales qué quieren compartir contigo. Escribe sus mensajes para ti.

6. Realiza la magia sanadora:

   ▫ Agradece a tus antepasados la vida que te han dado. Sin ellos, no existirías. Agradéceles tu vida y las bendiciones que has recibido.

   ▫ Perdona sus errores. Reconoce que lo hicieron lo mejor que pudieron. Honra las lecciones que sus vidas te ofrecen. Esto puede ser difícil cuando se sufren heridas o traumas ancestrales, pero proporciona una poderosa sanación.

   ▫ Ofréceles comida y bebida. Come y bebe para facilitarte el anclaje.

7. Cuando sientas que su presencia se aleja, agradéceles la visita.

8. Puede que quieras cantar, en voz baja:

«Todos venimos de la Diosa y a Ella volveremos, como una gota de lluvia que fluye hacia el océano».

9. Reconoce tu poder para soñar con un nuevo futuro.
10. Apaga la vela.
11. Cierra el círculo.
12. Haz una ofrenda a la Madre Tierra con la comida o la bebida que haya sobrado.

Actúa de acuerdo

Durante las próximas seis semanas, descansa, lanza el «Hechizo para hacer un sueño realidad» (pág. 143) y presta atención.

HECHIZO DEL SOLSTICIO DE INVIERNO PARA EL REGRESO DE LA LUZ

21 de diciembre, hemisferio norte
21 de junio, hemisferio sur

¡Inspiración! Este hechizo honra la luz que siempre brilla en el interior y celebra tu sueño del porvenir. Lanza este hechizo en la noche más larga, fría y oscura y descubre que la oscuridad no está ni vacía ni es aterradora. Es la matriz de la Diosa que te envuelve, nutriéndote, protegiéndote, amándote, soñando con tu existencia. Tú eres la luz dentro de Ella, y dentro de ti está la luz de un sueño que harás realidad. Brillante, preciosa, perfecta, ¡tu luz está regresando!

Necesitarás

~ Cuatro velas amarillas.

~ Un altar decorado con hojas perennes de temporada.

~ Una ofrenda de comida y bebida.

~ Una taza o cuenco.

~ Una vela del color del sueño que quieres hacer realidad (véase pág. 271).

~ Esculturas de una diosa madre y un dios solar, si quieres.

Lanza el hechizo

1. Traza el círculo.
2. Declara tu intención con el canto:

«Enciendo la esperanza de que la luz vuelva.
En mi interior siento que el fuego quema».

3. Mientras cantas, graba tu nombre y un símbolo/sigilo que represente tu objetivo en la vela.
4. Continúa cantando y enciende la vela.
5. Reconoce tu poder para avivar el fuego.
6. Canta y baila alrededor del altar, sosteniendo la vela y cargándola con tu energía, alegría y amor.
7. Cuando sientas que tu energía llega al máximo, pon la vela en el altar. Agradece a la diosa de la matriz cósmica y al dios solar por estar contigo.
8. Ánclate comiendo y bebiendo.
9. Apaga la vela.
10. ¡El hechizo está lanzado!
11. Cierra el círculo.
12. Ofrece lo que haya sobrado a la Madre Tierra. Guarda la vela para futuros hechizos.

HECHIZO DE IMBOLC EN EL VIENTRE PARA LA ESPERANZA

1 de febrero, hemisferio norte
1 de agosto, hemisferio sur

¡La esperanza! Esta estación nos enseña que, por muy oscura o difícil que sea la vida, podemos encontrar alegría y esperanza en las pequeñas cosas. La vida vuelve a moverse en el vientre de la Madre Tierra, y en ti. Este hechizo celebra los signos de crecimiento de tu interior y tu capacidad para alimentar tu sueño, tu luz brillante y tu sentido de propósito renovado. ¡Te estás creando de nuevo!

Necesitarás

~ Ocho pequeñas velas de té en platos.
~ La vela del solsticio de invierno.
~ Cerillas.
~ Bolígrafo y tu diario.
~ Algo para comer y beber.
~ Un altar con decoración de temporada.

Preparación

~ Coloca una vela de té en cada dirección.
~ Coloca las cuatro velas restantes entre las direcciones.
~ Prepara el altar.

Lanza el hechizo

1. Traza un círculo.
2. Enciende las velas de té.
3. Escribe un poema en tu diario, uno breve, o una canción que honre tu sueño, tu fuego. Léelo en voz alta. Coloca el diario en el altar para cargarlo.
4. Enciende la vela del solsticio. Observa cómo crece tu luz, cómo se manifiesta tu objetivo, tu propósito.
5. Sostén la vela del solsticio y canta:

«Soy luz, en un círculo de luminosidad.
Soy el fuego que arde, que arde con vitalidad».

6. Cuando sientas el pico de energía, declara tu objetivo y di:

«¡Ofrezco mi luz al mundo!».

7. Coloca la vela en el altar.
8. Ánclate comiendo y bebiendo.
9. Apaga las velas de té y la vela del solsticio.
10. ¡El hechizo está lanzado!
11. Cierra el círculo.

HECHIZO DE SEMILLAS DEL EQUINOCCIO DE PRIMAVERA PARA UNA NUEVA VIDA

21 de marzo, hemisferio norte
21 de septiembre, hemisferio sur

¡El renacimiento! El Sol está regresando, la Madre Tierra está despertando, ¡y tú también! La vida está volviendo: hay pequeños brotes verdes y capullos por todas partes. Lanza este hechizo y siente cómo la energía fluye a través de ti. Siente la maravilla mientras experimentas la magia del renacimiento de la Madre Tierra. Tu nueva vida está brotando.

Si es posible, lanza el hechizo en el exterior.

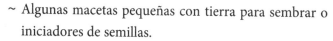

Necesitarás

~ Una taza de semillas.

~ Algunas macetas pequeñas con tierra para sembrar o iniciadores de semillas.

~ Una jarra de agua pequeña.

~ Algo para comer y beber.

~ Un altar con decoración de temporada, si estás en el interior.

Preparación

Comienza con la limpieza de primavera: limpia el desorden, regala la ropa que te queda pequeña y las cosas del pasado que estás dispuesta a dejar atrás, incluidos los hábitos de los que te quieres deshacer.

Lanza el hechizo

1. Traza un círculo.

2. Mira a tu alrededor, ¡qué maravillosa es la primavera! ¡Escucha el canto de los pájaros!

3. Siéntate en la Madre Tierra y siente las energías de la nueva vida fluyendo hacia ti. Visualiza la nueva vida que estás creando para ti, la semilla que crece en tu interior y que aparece en el mundo.

4. Sujeta las semillas y baila alrededor del círculo en el sentido de las agujas del reloj cargándolas con tu alegría y energía. Mientras bailas, canta:

«Una cosa se convierte en otra,
en la Madre, en la Madre...».

5. Cuando tu energía llegue al máximo, planta y riega suavemente las semillas. Coloca tus manos sobre ellas y bendícelas. Siente cómo responden.
6. Agradece a las semillas, agradece a la tierra, agradece al agua, al Sol, a la Madre Tierra.
7. ¡Come, bebe y celebra su crecimiento y el tuyo!
8. Ofrece comida y bebida a la Madre Tierra.
9. Cierra el círculo.

Actúa de acuerdo

Alimenta tus semillas interiores, las de tus macetas y las del mundo. A medida que crezcan, tú también lo harás. Cuando las plántulas crezcan lo suficiente, plántalas en la Madre Tierra con bendiciones. Cuídalas y cuídate.

HECHIZO DE BELTAINE PARA LA ENCARNACIÓN DEL AMOR

1 de mayo, hemisferio norte
31 de octubre, hemisferio sur

¡Celebra el amor! El Sol está calentando a la Madre Tierra y ella está floreciendo. La naturaleza está viva y es hermosa, ¡igual que tú! Es maravilloso estar viva, estar en tu cuerpo y en el mundo, disfrutar de tu cuerpo y disfrutar del mundo. Celebra el amor de la Diosa y del Hombre Verde, y honra tu cuerpo, sus deseos sabios y salvajes y su magia. Lanza este hechizo de Beltaine para traer el amor verdadero a tu vida y para celebrar tu amor por la vida y su amor por ti.

Necesitarás

~ Flores y cintas de los colores de la intención del hechizo (véase pág. 271).

~ Alambre floral.

~ Comida y bebida.

~ Alpiste como ofrenda.

Lanza el hechizo

1. Busca un lugar tranquilo, bonito y natural.

2. Traza un círculo.

3. La Madre Tierra está floreciendo. Siente la maravilla que inspira su belleza.

4. Respira. Ánclate y céntrate. Siente la energía sensual y alegre de la Madre Tierra que te atraviesa.

5. Presta atención a tus sentidos y a lo que estás experimentando. Disfruta de lo bien que se siente tu cuerpo, de lo maravilloso y sagrado que es. Siente la presencia del Espíritu en el mundo natural que te rodea, en ti.

6. Teje una corona de flores y cintas y, mientras la tejes, imagina un deseo sincero, un sueño que quieras manifestar este año. Siente cómo le das vida.

7. Canta mientras trenzas:

«La magia de Beltaine aquí canto,
tejiendo flores en un anillo,
¡la alegría y las bendiciones que habrá traído!».

8. Visualiza cómo tus sueños cobran vida mientras se crea la corona de flores. Canta y baila alrededor del anillo de flores hasta que sientas que tu energía llega al máximo.

9. Ponte la corona, recuéstate sobre la Madre Tierra y siente su energía fluyendo a través de ti. Siente la energía del Hombre Verde fluyendo a través de ti. Siente el deseo de vida, de amor, atravesándote.

10. Come y bebe. Agradece a la Madre Tierra por todas sus bendiciones y al Hombre Verde por las suyas. Da gracias por tu cuerpo. Da gracias por el amor. Haz tu ofrenda. El hechizo está lanzado.

11. Cierra el círculo.

HECHIZO DEL SOLSTICIO DE VERANO PARA LA ABUNDANCIA

21 de junio, hemisferio norte
21 de diciembre, hemisferio sur

¡La prosperidad! El Sol está en su cenit y la fertilidad de la Madre Tierra abunda. ¡Es el día más largo del año y las energías están fluyendo hacia la manifestación en todas partes! Este hechizo canaliza las energías generadoras de vida hacia tus metas, mientras el Sol del solsticio de verano te da poder y la Madre Tierra recompensa tu duro trabajo con la abundancia.

Necesitarás

~ Un altar decorado con frutas y flores de temporada.

~ La vela del solsticio.

~ Un cuenco de agua.

~ Una rama pequeña y frondosa.

~ Comida y bebida.

~ Bolígrafo y papel.

Lanza el hechizo

1. Traza el círculo.

2. Respira. Ánclate y céntrate. Siente las abundantes y reconfortantes energías que fluyen a través de ti desde el Sol y la Tierra.

3. Visualiza tu objetivo claramente. Escríbelo, dóblalo y colócalo en el altar. Observa cómo tu objetivo se manifiesta con abundancia.

4. Carga el cuenco de agua (elévalo hacia el Sol, tócalo con la Madre Tierra). Usando la rama, rocía el agua una vez alrededor del círculo, comenzando en el este y moviéndote en dirección al Sol. Rocíate también a ti misma. Puedes decir: «Bendigo este círculo y me bendigo a mí con las aguas de la vida».

5. Carga la vela (eleva la vela hacia el Sol, tócala con la Madre Tierra y acércala a tu corazón).

6. Enciende la vela y canta:

«El Sol arriba y la Tierra abajo,
llena de riqueza, ¡haz que mi vida crezca!».

7. Cuando tu energía llegue a su punto máximo, coloca la vela en el cuenco de agua del altar. Agradece al Sol, agradece a la Madre Tierra, agradece al Agua; levanta el vaso y bebe. Ofrece un poco a la Madre Tierra. Come y disfruta de la riqueza, la calidez y la belleza de este momento.

8. Haz tu ofrenda. Apaga la vela y vierte el agua en la tierra.

9. Cierra el círculo.

Actúa de acuerdo

¡Mantén tu escrito a salvo y pasa a la acción para una manifestación abundante!

HECHIZO DE LUGHNASADH PARA LA GRATITUD Y LA RESISTENCIA

1 de agosto, hemisferio norte
1 de febrero, hemisferio sur

¡La gratitud! Es hora de celebrar lo que está creciendo en el jardín de tu vida gracias a tu esfuerzo. Honrar tu progreso te da la energía para seguir trabajando con el fin de manifestar la vida que quieres. Lanza este hechizo basándote en la práctica tradicional irlandesa de ofrecer el primer grano maduro a Lugh, dios del Sol: el primer pan del primer grano se partía en cuatro trozos y se colocaba en las cuatro esquinas de los campos para asegurar la prosperidad y devolver a la Madre Tierra, de quien fluyen todas las bendiciones, parte de lo que ha obsequiado. Trabaja al aire libre, si puedes.

Necesitarás

~ Una barra de pan, o los ingredientes para hacerlo tú mismo, si puedes.

~ Vino o zumo.

~ Un altar con frutas y flores de temporada, algo que represente tu trabajo y representaciones o símbolos de tus éxitos pasados.

~ La vela del solsticio.

Preparación

~ Prepara el altar. Si quieres, haz pan.

Lanza el hechizo

1. Traza el círculo.
2. Coloca el pan en el altar.
3. Enciende la vela.
4. Disfruta de la belleza y la riqueza del altar y de todo lo que expresa sobre ti. Reconoce tu trabajo duro, honra lo que has logrado y también honra tu fuerza, tu resistencia y tu decisión de trabajar para la cosecha que se avecina. Dilo en voz alta (o crea el tuyo propio):

«¡Puedo con esto! ¡Sí, puedo!
¡Estoy haciendo realidad mis sueños!».

5. Dilo una y otra vez con sentimiento. Un poco de humor, por favor, y una gran sonrisa.

6. Bendice el pan. Pon las manos sobre él y cárgalo con tu poder para crear la vida que deseas. Di esta antigua bendición:

«Bendigo este pan para mi cuerpo.
Que me traiga los dones de la salud, la riqueza
y la bendición eterna que es el amor».

7. Parte cuatro trozos y colócalos en cada una de las cuatro direcciones, empezando por el este. Si estás en el interior, sal al exterior y haz allí la ofrenda de pan.

8. Vuelve, relájate, come y disfruta. Si estás en el exterior, vierte un poco de vino como libación (ofrenda) directamente en la Madre Tierra como agradecimiento.

9. Cierra el círculo.

HECHIZO DE COSECHA DEL EQUINOCCIO DE OTOÑO

21 de septiembre, hemisferio norte
21 de marzo, hemisferio sur

¡Cosecha abundancia y sabiduría! Honra la generosidad de la Madre Tierra. Honra lo que has logrado y el bienestar que has creado al dar vida a tus sueños. Cosechar también significa cortar las cosas que ya no sirven en tu vida. Aprende las lecciones de este ciclo de crecimiento y encontrarás las semillas de tu futuro. Lanza el hechizo y da las gracias por toda la abundancia y las bendiciones que has recibido y creado.

Necesitarás

~ La vela del solsticio.

~ Cerillas.

~ Una mazorca de maíz.

~ Bolígrafo y papel, o tu diario.

~ Un altar de abundancia y belleza estacional.

~ Algo para comer y beber.

Lanza el hechizo

1. Traza un círculo.

2. Respira. Ánclate y céntrate. Siente que el poder de manifestar la abundancia fluye a través de ti.

3. Enciende la vela.

4. Reconócete a ti misma y lo que has logrado. ¿Qué has creado? ¿Cuál es tu cosecha? Si hay más trabajo por hacer, reconoce tu fuerza y capacidad para seguir adelante.

5. Reflexiona sobre las lecciones que la vida te ha ofrecido en el último año. ¿Qué es lo que ya no sirve para tu crecimiento y felicidad? Escribe tus reflexiones en el diario.

6. Cierra los ojos y visualiza cómo cambiará tu vida una vez que te hayas deshecho de las cosas que ya no sirven para tu bienestar.

7. Corta con lo viejo: agarra el maíz, quítale la cáscara y la gavilla verde protectora.

8. Estúdialo de cerca. Observa cuántos granos de maíz han crecido a partir de un solo grano plantado y cuidado por alguien que se preocupó y bendecido por la Madre Tierra, el Sol y los elementos.

9. ¿Qué has aprendido sobre ti misma al manifestar tu vida? ¿Cuál es la semilla de tu próximo ciclo de crecimiento? Anota tu percepción en el diario.

10. Da gracias por tu cosecha y por todas las bendiciones que has recibido y creado.

11. Come, bebe y felicítate.

12. Haz tu ofrenda.

13. Deja que la vela se consuma en un lugar seguro.

14. Cierra el círculo.

Hechizos de abundancia

*La Madre Tierra encarna la ley de la abundancia:
de una semilla de manzana plantada y cuidada con
esmero, crecerá un manzano que producirá miles
de manzanas con miles de semillas más, para
miles de árboles con miles de manzanas más, para las
generaciones venideras. Solo recuerda devolver en la
misma medida de lo que te han dado y siempre
habrá suficiente para todos.*

ℓHECHIZO PARA CONTAR TUS BENDICIONES

¿Cómo podemos pedir más si no estamos agradecidos por lo que ya tenemos? Este es un hechizo para despertar tu conciencia y gratitud por todas las bendiciones que ya tienes, por el éxito que ya has logrado y los regalos que ya te han dado. Es un hechizo de conciencia y generosidad, de armonía y equilibrio. Lanza este hechizo para recordarte que siempre eres amada, nutrida y apoyada por la magia divina de la naturaleza, y que la magia, incluso cuando se trata de cuidado personal, nunca es egoísta.

Lanza el hechizo

1. Piensa en todo lo que se te ha dado.
2. Cada día, durante una semana, escribe una cosa por la que estés agradecida.
3. Por cada regalo que hayas recibido o recompensa que hayas obtenido, elige una forma de devolverlo.

Actúa de acuerdo

Los pequeños actos tienen un gran impacto. Sea lo que sea que elijas hacer, hazlo con plenitud de espíritu y de corazón. Observa cómo florece tu vida.

ꓮECHIZO RÁPIDO DE PROSPERIDAD

La mayoría de nosotros hemos sido bendecidos con vidas verdaderamente abundantes, pero hay momentos en los que necesitamos más de lo que tenemos o estamos dispuestos a disfrutar más. Lanza este hechizo para experimentar más de la generosidad natural, mágica y expansiva de la vida.

Este hechizo se realiza mejor con la luna llena o bajo el sol del mediodía durante el verano.

Necesitarás

~ Una gran vela verde.
~ Un cuchillo pequeño.
~ Algunas hojas de laurel.
~ Un plato.
~ Cerillas.

Lanza el hechizo

1. Establece claramente tu intención de mayor prosperidad.
2. Talla una gran vela verde con tu nombre y un gran signo de dólar (euro u otra moneda).
3. Coloca la vela sobre un plato de hojas de laurel dispuestas como los rayos del Sol o los pétalos de una flor irradiando hacia fuera.

4. Enciende la vela y repite este hechizo de prosperidad hasta que sientas que tus energías internas cambian y que las bendiciones de la abundancia, la prosperidad y la generosidad de la Madre Naturaleza fluyen hacia ti.

«Madre de quien fluyen todas las bendiciones, ayúdame a hacer crecer mi prosperidad con un trabajo que me guste y en el que cobre de manera justa, ayudándome a mí y a los demás».

5. Fija el hechizo declarando: «¡Que así sea!».
6. Deja que la vela se consuma en un lugar seguro. Guarda la cera derretida y las hojas de laurel como amuleto de prosperidad en el altar o en algún lugar seguro.

Actúa de acuerdo

Lanza el «Hechizo de gratitud para la magia de la vida» (pág. 246) para mantener tus energías positivas hasta que el hechizo se manifieste. Cuando llegue la prosperidad, devuelve las hojas de laurel a la Madre Tierra, deshazte de la cera y devuelve algo a los más desfavorecidos.

ꞪECHIZO DE EXTRACCIÓN DE DINERO PARA UN BIENESTAR FINANCIERO

Este es un hechizo muy antiguo, de un grimorio de antaño, amado por muchas brujas. Solo recuerda comenzar con gratitud por lo que ya tienes y devolver en la misma medida en la que recibes.

Haz este hechizo tres veces: primero, cuando tenga lugar la primera luna nueva, a medianoche; de nuevo, a medianoche, con la luna creciente y, finalmente, a medianoche de la primera luna llena.

Necesitarás

~ Un polvo para extraer dinero hecho a partes iguales de lo siguiente:
  - Incienso en polvo.
  - Heliotropo.
  - Tonka (se puede sustituir por lengua cervina, castaño de Indias o vaina de vainilla).
~ Mortero y maja.
~ Una vela verde.
~ Cerillas.
~ 3 monedas de plata.

Lanza el hechizo

1. Comienza la noche en la que la luna nueva aparece en el cielo nocturno. Es importante ver la Luna, así que si

tienes que trabajar en el interior, sal primero al exterior, alcánzala y sujétala entre tus manos. Llévala a tu corazón. Vuelve al interior y continúa.

2. Muele las hierbas en el sentido de las agujas del reloj, concentrándote en tu intención de atraer el dinero y la prosperidad hacia ti. Haz suficiente para tres hechizos. Guarda el resto en un frasco etiquetado y mantenlo fuera de la luz solar.

3. Frota el polvo para atraer dinero en tus manos, en tus pies, en la vela y en las monedas. Frota un poco también en tu cartera, en tu chequera, en tu escritorio o en tu lugar de trabajo.

4. A las doce de la noche, enciende la vela verde y mantenla en tu mano izquierda. Sostén las tres monedas de plata en tu mano derecha y sal al exterior, si puedes. Quédate bajo los rayos de luz de la Luna, o llévala adentro contigo.

5. Coloca la vela en la tierra/el suelo.

6. Eleva tu rostro para contemplar la Luna y di:

«Saludos, Dama de la Luna, diosa bondadosa,
me inclino ante ti y te pido una bendición».

7. Inclínate ante la Luna.

8. Mantén las palmas de las manos extendidas con las monedas hacia la Luna y di:

«Le doy la vuelta a esta plata bajo tu luminosidad
y pido la abundancia con este antiguo ritual».

9. Dale la vuelta a cada moneda tres veces.

10. Inclínate de nuevo ante la Luna. Lleva la vela de vuelta al interior y apaga la llama. Guarda las monedas en un lugar seguro.

11. Haz el mismo hechizo cuando tenga lugar la luna creciente, a medianoche, volviendo a encender la vela y trabajando con las mismas monedas.

12. Lánzalo una vez más a medianoche de la primera luna llena. Agradece a la Dama de la Luna.

13. Deja que la vela se consuma.

14. ¡El hechizo está lanzado!

Actúa de acuerdo

Guarda las monedas en el altar o deposítalas en tu cuenta de ahorros. Realiza acciones para manifestar la riqueza y devuelve la bendición en su misma medida cuando llegue.

HECHIZO DE ABUNDANCIA DEL MANZANO

Los árboles son maestros generosos: te mostrarán la magia secreta de la naturaleza, y lo sencillo que es vivir bien cuando vives de acuerdo con la Madre Tierra. Este es un antiguo hechizo del oeste de Inglaterra para dar y recibir bendiciones. Lánzalo para manifestar la abundancia honrando a los manzanos con gratitud y ofrendas.

El mejor momento para realizarlo, como sigue siendo en Inglaterra, es la noche de Reyes (6 de enero).

Necesitarás

~ Un pastel (lo ideal es que lo hagas tú).

~ Sidra.

~ Un manzano que te dé la bienvenida.

Preparación

~ Encuentra un manzano viejo con el que trabajar.

~ Si quieres, haz el pastel.

Lanza el hechizo

1. Saluda al manzano y a su espíritu.

2. Haz la ofrenda al manzano y a su espíritu:

~ Coloca el pastel en las ramas.

~ Vierte la sidra sobre las raíces.

3. Mientras haces la ofrenda, di el viejo encantamiento de la bendición:

«Por ti, viejo manzano.
De dónde puedes brotar, y de dónde puedes soplar.
¡Y de dónde puedes manzanas dar!
¡Sombreros llenos! ¡Gorras llenas!
¡Y mis bolsillos llenos también están!
¡Hurra!».

4. Di también este nuevo encantamiento:

«Respira conmigo, viejo manzano.
Te ofrezco mi aliento, como tú a mí.
De una manzana, muchas semillas,
de muchas semillas crece un huerto,
florece la belleza, la vida y el espíritu.
Por todo lo que alimentas recibe mi
agradecimiento».

5. Siéntate bajo el manzano. Disfruta de tu tiempo juntos.
6. Cuando estés lista, agradece al manzano y sal con bendiciones.

Actúa de acuerdo

Cultiva tu relación con el manzano visitándolo y haciéndole ofrendas de pastel, sidra y agua cargada de amor vertida en forma de círculo por debajo del extremo de las ramas del árbol.

Cantar y bailar alrededor del manzano también le ayudará a recuperarse de cualquier enfermedad, a crecer fuerte y a vivir mucho tiempo.

Se puede realizar un hechizo de bendición similar con otros árboles. Aprende sobre su magia y acerca de las ofrendas tradicionales que se les hacen.

HECHIZO DEL ANTIGUO AMULETO ITALIANO PARA LA BUENA SUERTE

Este es un hechizo que fue publicado en *Etruscan Roman Remains* en 1892 por el folclorista estadounidense Charles Godfrey Leland, que pasó los últimos años de su vida en su amada Italia. Se trata de un amuleto de sueños que te traerá buena suerte. Lánzalo y que los dulces sueños y la *buona fortuna* se manifiesten.

Necesitarás

~ Dos ramitas de un roble.
~ Un pedazo de lana roja de aproximadamente treinta centímetros de largo.

Lanza el hechizo

1. Dale las gracias al roble del que has conseguido las ramitas.
2. Colócalas una sobre otra para formar una «X».
3. Enrolla la lana roja en el lugar donde se cruzan, uniéndolas.
4. Acerca el amuleto a tu corazón para cargarlo con tu intención de manifestar buena suerte y buena fortuna.
5. Coloca el amuleto al lado de tu cama y antes de irte a dormir, repite:

«No metto questo quercia,
ma metto la fortuna,
che non possa abbandonar,
mai la casa mia».

(«No es roble lo que aquí pongo,
sino buena fortuna, por su gracia,
que nunca pase, sino que siempre esté
en mi morada»).

6. *¡Buona fortuna!* El hechizo está lanzado.

Actúa de acuerdo

Por la mañana, **cuelga** el amuleto en tu casa para atraer la buena suerte.

Cuando llegue la buena fortuna, desata las ramas y devuélvelas al árbol con agradecimiento. Comparte algo de tu buena suerte con alguien menos afortunado.

HECHIZO DE MANIFESTACIÓN PARA UNA BENDICIÓN

Una bendición es un favor que le pides al Espíritu de la Creación. Es algo beneficioso y raro, y cuando ocurre, es un regalo de un universo vivo que se preocupa por ti y por tu bienestar. Como se trata de un hechizo especial, voy a compartir dos bendiciones especiales del primer y muy antiguo grimorio que recibí:

~ Un aceite de manifestación que puede añadirse a cualquier hechizo para aumentar su probabilidad de éxito. Úsalo para ungirte a ti, a las velas y a los objetos de hechicería, añade una gota a tus pociones y a tu agua de baño.

~ Una técnica mágica para ungir velas de hechicería.

Lanza este hechizo cuando necesites más, ya sea energía, riqueza, salud, felicidad o cualquier otra cosa que contribuya a tu bienestar. Recuerda que el cuidado a una misma nunca es egoísta (simplemente ten presente la magia de la naturaleza, devuelve lo que te han dado en su misma medida y, de esta forma, contribuirás a la abundancia y el bienestar del mundo).

Necesitarás

~ Una vela del color apropiado para la bendición que solicitas (véase pág. 271).

~ Cerillas.

~ Un cuchillo pequeño.

~ El aceite de manifestación para el que necesitarás lo siguiente (mezclado al gusto):

   ▫ Aceite de vetiver.

   ▫ Aceite de jazmín.

   ▫ Aceite de mirra.

   ▫ Una pizca de canela.

~ Una botella pequeña y un embudo.

Lanza el hechizo

1. Pide tu bendición:

«Pido al Universo/Espíritu de la Creación/Diosa/Dios la bendición de [tu petición]».

2. Inscribe una estrella de cinco puntas (pentagrama) en la vela.
3. Añade tu nombre y una palabra o símbolo que represente la bendición.
4. Unge la vela con el aceite de la manifestación. Hazlo desde el centro de la vela hacia arriba, hacia la mecha y el Sol, luego hacia abajo desde su centro, en dirección a ti y a la Tierra, continuando hacia arriba y hacia abajo, todo el rato alrededor de la vela como ves a continuación:

5. Mientras unges la vela, visualiza que la bendición se manifiesta en tu vida. Visualízate siendo bendecida con un mayor bienestar.

6. Ahora enciende la vela pensando que el hechizo ha funcionado con éxito.

7. Deja que la vela se consuma.

8. Dale las gracias a las energías sagradas a las que has pedido la bendición.

Actúa de acuerdo

Presta atención al poder y a la presencia de la Divinidad en tu vida. Nota cómo te nutre, te apoya y te bendice a ti y a toda la Creación. Devuelve en agradecimiento lo que has recibido.

HECHIZOS DE AMOR

El amor es la mayor magia.
Está a tu alrededor, está dentro de ti,
está listo para llegar cuando estés preparada
para recibirlo y para darlo. Abre tu corazón
al Universo y la magia sucederá.

HECHIZO DE AMOR PROPIO

Ámate y serás capaz de amar a otra persona que, a su vez, sea capaz de amarte. Una luz brillará dentro de ti. Es la belleza de tu corazón mostrándose al mundo, hecho que lo convierte en un lugar mejor. Lanza este hechizo y llena tu vida con una renovada sensación de bienestar, paz y satisfacción, y con un merecido amor propio.

Este hechizo se realiza mejor un viernes por la noche de luna llena, pero cualquier momento sirve.

Necesitarás

~ Un altar al amor.

~ Una vela rosa.

~ Cerillas.

~ Bolígrafo y papel.

~ Un vaso de un buen vino tinto (o zumo).

~ Un espejo pequeño.

~ Los ingredientes para un incienso del amor:

   ▢ Polvo de raíz de almizcle.

   ▢ Ambroxide o Ambroxan (sustituto moderno del ámbar gris).

   ▢ Aceite de pachuli.

   ▢ Aceite de rosa.

~ Mortero y maja.

~ Carbón vegetal para incienso.

~ Un incensario.

Preparación

~ Crea un altar al amor con fotos tuyas que te gusten, ejemplos de tus logros y representaciones de lo que valoras de ti misma, de las cosas que te apasiona hacer y de las personas, animales y cosas que te hagan feliz, incluidas tus flores, frutas y alimentos favoritos.

~ Crea el incienso del amor moliendo en el sentido de las agujas del reloj. Disfruta haciéndolo.

~ Pon una cucharadita del incienso en el carbón encendido.

Lanza el hechizo

1. Traza un círculo.

2. Respira. Ánclate y céntrate. Siente que el amor de la Madre Tierra te llena.

3. Fija tu intención de amarte a ti misma, de amar tu vida y, si lo deseas, de compartir el amor con la persona adecuada para ti.

4. Invoca la ayuda y la bendición de la Madre Tierra, Deméter, Hera u otra deidad del amor.

5. Cierra los ojos y conecta con la niña que llevas dentro. Dile que la amas. Siente cómo tu amor fluye hacia ti como niña. Siente que vuelve a fluir hacia ti como adulta responsable de esa niña y como adulta en sí. Di:

«Me quiero y me cuido. Soy merecedora de amor, capaz de darme amor, capaz de recibir ese amor».

6. Graba un sigilo de corazón en la vela. Acércala a tu corazón y cárgala.

7. Sírvete un vaso de vino tinto o de zumo. Brinda por ti misma y bebe.

8. Escríbete una carta de amor. Incluye todas las cosas buenas de ti misma que valoras. Incluye el oro en la oscuridad, los regalos positivos que te han dado tus defensas, tus sombras o tus dudas. Tómate tu tiempo. Ve lo mejor de ti misma con amor y generosidad.

9. Introduce el pulgar en el vino y presiona la huella del dedo en la carta.

10. Lee la carta en voz alta.

11. Date un abrazo, mírate en el espejo y ve la luz que brilla en tus ojos.

12. Hónrate y brinda contigo misma en voz alta con las palabras «¡Me amo!».

13. Agradece a la deidad del amor por bendecirte a ti y al hechizo.

14. Cierra el círculo.

Actúa de acuerdo

Ofrece el resto del vino o el zumo a la Madre Tierra. Cuídate mucho y ve releyendo tu carta de amor para reforzar el hechizo.

HECHIZO DEL AMOR VERDADERO

El amor es la mayor magia que existe. Hay más amor del que puedas concebir, llenando el mundo y bendiciéndonos de más formas de las que podríamos imaginar. El amor es un hechizo que el Universo lanzó cuando nos creó, cuando te creó a ti. El amor que anhelas ha estado dentro de ti desde el principio. Abre tu corazón, lanza el hechizo, sé paciente y determinada, y el amor llegará…

Este hechizo se realiza mejor un viernes por la noche, cuando hay luna llena.

Necesitarás

~ Un altar del amor lleno de abundante y voluptuosa belleza.

~ Una vela roja.

~ Cerillas.

~ Bolígrafo y papel.

~ Un vaso de un buen vino tinto (o zumo).

~ Un espejo pequeño.

~ Incienso del amor (véase el hechizo anterior).

~ Mortero y maja.

~ Carbón vegetal para incienso.

~ Un incensario.

Preparación

~ Crea el altar.

~ Quema el incienso del amor.

Lanza el hechizo

1. Traza un círculo.

2. Invoca la ayuda y la bendición de una deidad del amor romántico como Afrodita o Eros. Podrías decir:

«Diosa del amor, busco el amor verdadero,
que ha estado dentro de mí todo el tiempo.
¡Ayuda a mi hechizo y tráelo a mis brazos!».

3. Talla un sigilo de corazón en la vela.

4. Enciende la vela del amor verdadero.

5. Escribe una carta de amor a la persona que sea tu verdadero amor. Describe sus buenas cualidades, cómo ama las tuyas, por qué es la persona adecuada para ti, por qué te hará feliz y por qué la amas y la harás feliz. Firma la carta.

6. Lee la carta en voz alta y permítete sentir la alegría de estar con tu verdadero amor.

7. Brinda por tu amor y declara:

«Mi amor, has estado dentro de mí todo el tiempo.
¡He lanzado este hechizo para traerte a mis brazos!».

8. Introduce el pulgar en el vino y presiona la huella del dedo sobre la carta para fijar el hechizo.

9. El hechizo de amor está lanzado.

10. Cierra el círculo.

Actúa de acuerdo

Ofrece el vino o el zumo a la Madre Tierra.

Guarda la carta de amor en el altar o en algún lugar seguro. Vuelve a leerla cuando haya luna llena.

Cuida de ti misma como un hechizo continuo para amar y vivir bien.

Sé paciente. El amor llegará.

HECHIZO DE LA POCIÓN DE AMOR DE VENUS

Esta es una variación del célebre hechizo para el amor erótico y apasionado, una de las bendiciones divinas de estar vivo. Invoca a Venus, Afrodita, los orishas, Oshun o Yemayá, Astarté, Bastet, Milda, Branwen, Freyja, Kamadeva, Dionisio o Eros, de quien proviene la palabra «erótico». Lanza este hechizo y disfruta de la magia encarnada del amor.

Necesitarás

~ Una poción de amor de Venus:
  - Una cucharadita de aceite esencial de almendra, de pachuli, de jojoba, de almizcle y de rosa.
  - Una pizca de canela (o pimienta roja).
  - Una pizca de damiana (o nuez moscada).
~ Una bañera.
~ Una vela roja.
~ Rosas rojas.

Lanza el hechizo

1. Mezcla los aceites, las hierbas y las especias para crear un perfume al que respondas.
2. Prepara un baño caliente.
3. Invita a una deidad del amor erótico a bendecir tu deseo con plenitud.
4. Enciende la vela. Apaga las luces.
5. Quítate la ropa, mírate en el espejo y admírate. Tu cuerpo es hermoso. Tú eres hermosa.

6. Vierte la poción de amor de Venus en la bañera. Añade las rosas.

7. Entra en la bañera y sumérgete suavemente en el cálido y acogedor abrazo del agua. Siente la textura sedosa del agua contra tu piel, siente la suavidad de tu piel.

8. Deja que corra el agua para mantenerla suficientemente caliente. Siente el poder de agitación del agua contra tu cuerpo.

9. Cierra los ojos e imagínate con alguien que despierte y satisfaga tus deseos más profundos. Regálate alegría y disfruta.

10. Cuando estés preparada, abre los ojos. Envía tu amor al agua para que sea llevado a la persona a la que estás destinada.

11. Agradece al Agua, a las hierbas, a las rosas. Agradece a tu cuerpo y a tu imaginación.

12. Sal de la bañera. El hechizo de amor está lanzado.

Actúa de acuerdo

Relájate, escucha música. Disfruta de algo delicioso y de las bendiciones de tu amado y hermoso cuerpo. Ofrece los pétalos de rosa al océano o a la Madre Tierra.

PROFUNDIZA EL HECHIZO DE LA POCIÓN DE AMOR

La gente ha buscado pociones de amor desde el principio de los tiempos. Es la magia que más se pide, sin embargo, el mismo amor es la mayor magia. Lanza este antiquísimo hechizo de polvo de amor para despertar, profundizar y magnetizar el amor que has encontrado dentro de ti o con otra persona.

Lo mejor es realizarlo cuando hay luna llena.

Necesitarás

~ Verbena.

~ Bígaro.

~ Comida, vino o zumo.

Lanza el hechizo

1. Haz una mezcla de verbena y bígaro a partes iguales.
2. Añade dos pizcas de la mezcla a la comida o al vino.
3. Si añades la poción al vino, déjala reposar durante doce horas y luego cuélala antes de beberla o compartirla con tus seres queridos.

Actúa de acuerdo

Disfruta de ti misma, disfruta de tu persona amada, disfruta del amor. Recuerda que eres un hechizo de amor lanzado por el Universo.

ENCANTAMIENTO RÁPIDO DE AMOR VERDADERO

Existe una vieja creencia que dice que tu verdadero amor ha estado contigo desde antes de que nacieras, viviendo en tu corazón. Lanza este antiguo hechizo cuando estés lista para manifestar el verdadero amor en tu vida.

Necesitarás

~ Una bolsa de franela roja o un cuadrado de tela y una cinta roja.

~ Una piedra de imán.

~ Un pedazo de raíz de lirio.

~ Una ramita de mandrágora (o una pizca de tabaco natural).

~ Verbena.

~ Bígaro.

~ Menta.

~ Un capullo de rosa roja.

Lanza el hechizo

1. Fija tu intención de atraer a tu verdadero amor a tu vida y a tus brazos.

2. Rellena la bolsa de franela roja o el cuadrado de tela con la piedra de imán, la raíz de lirio, la ramita de mandrágora o el tabaco, algunas pizcas de verbena, bígaro y menta, y el capullo de rosa roja. Agradece a las plantas por su ayuda.

3. Cierra la bolsa o el cuadrado con la cinta roja anudada nueve veces. Acércala a tu corazón y cárgalo con tu amor.

4. El hechizo está lanzado.

Actúa de acuerdo

Lleva la bolsa contigo. Ten paciencia. El amor verdadero con conciencia de sí mismo y madurez puede tardar en materializarse, y la otra persona también debe estar preparada. Cuando aparezca, abre la bolsa y devuelve el contenido a la Madre Tierra con agradecimiento.

ἀECHIZO PARA HACER UN SUEÑO REALIDAD

El amor llega en todas las formas, tamaños y especies, en todo tipo de razones para estar agradecida, en todas las cosas con las que sueñas más profundamente. Es posible que aparezcan señales, que se produzcan sincronías, que se manifieste una magia inesperada. La atmósfera que te rodea puede estar cargada de una sensación de presencia y presagio. Las cosas con las que solo has soñado pueden estar a tu alcance. Este es el hechizo para hacer tus sueños realidad.

Necesitarás

~ Un sueño.
~ Bolígrafo y papel.
~ Luna nueva.

Lanza el hechizo

1. Cuando la luna nueva aparezca en el cielo nocturno, escribe un breve hechizo con rima para un sueño que anheles manifestar en el mundo.
2. Sal y siente la emoción, la posibilidad que la media luna plateada evoca en ti. Ha aparecido de la oscuridad, llena de la promesa del porvenir.
3. Imagina que tu sueño se hace realidad. Siente cómo será su manifestación.

4. Extiende tus brazos hacia la Luna y pídele a Selene, diosa de la media luna de plata, que te ayude a dar vida a tu sueño.

5. Canta tu hechizo, empezando lenta y suavemente. Las palabras pueden sonar extrañas y puede que te sientas tímida, pero a medida que vayas cantando, tu confianza aumentará.

6. Canta más alto, más rápido, más fuerte. Canta con todo el corazón abierto de la niña que fuiste, la niña que sabía que todo era posible y que la magia era real.

7. Canta a la magia de la noche de la Luna.

8. Canta y siente cómo tu sueño se carga con el poder de la luna nueva.

9. Canta el hechizo hasta que sientas que tu energía llega al máximo, entonces canta más despacio, silenciosamente. Canta hasta que el hechizo desaparezca en la noche, en los reinos del Espíritu y del potencial infinito.

10. Dale las gracias a Selene, dama de la luna nueva.

11. Agáchate y toca a la Madre Tierra que da vida al Espíritu y a los sueños. Dale las gracias.

12. El hechizo está lanzado.

13. Vete a la cama. Un hechizo bien iniciado está medio hecho…

Actúa de acuerdo

Por la mañana y todas las mañanas siguientes, actúa con el fin de hacer tu sueño realidad.

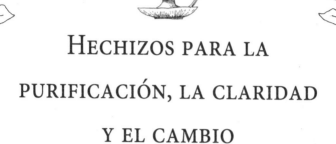

Hechizos para la purificación, la claridad y el cambio

La vida nos envía inevitablemente crisis. Los malos hábitos se afianzan y el desorden se acumula. Las relaciones se estropean y las penas se prolongan demasiado. No podemos controlar los desafíos, pero sí podemos controlar cómo respondemos ante estos: podemos eliminar lo que se interpone entre nosotros y nuestro bienestar. Los hechizos de destierro pueden funcionar con la fuerza de un viento primaveral que sopla a través de una casa cerrada durante todo el invierno. Pero limpiar tu ático emocional puede llevar tiempo, paciencia y persistencia. Estos hechizos de purificación te ayudarán a desterrar los bloqueos y la negatividad y a abrir el flujo de energías positivas.

HECHIZO PARA DESTERRAR LOS BLOQUEOS

Este es el clásico hechizo de destierro para liberarte de lo que sea o de quien sea que necesites: personas, problemas, emociones, negatividad o bloqueos que se interponen entre tú y tu salud, tu felicidad y tu bienestar. Lanza este hechizo para desterrar la negatividad y atraer la positividad en el espacio que has abierto para recibirla.

Necesitarás

~ Una vela azul.
~ Un cuchillo pequeño.
~ Bolígrafo y una hoja de papel pequeña.
~ Un cenicero o caldero.

Lanza el hechizo

1. Prepara un altar y fija tu intención de desterrar tus bloqueos.
2. Traza un círculo.
3. Escribe en el papel lo que necesitas desterrar: el nombre de una persona que te haga daño o unas palabras que describan el patrón, el hábito, la negatividad o el problema.
4. Declara que ha llegado el momento de ser libre, feliz, sanada, sea cual sea la realidad positiva.
5. Talla: «¡Libre de [X]!» en la vela.
6. Enciende la vela.
7. Enciende el papel.
8. Canta:

«Lejos, lejos, lejos [X] va.
¡Hacia mí [el poder, la felicidad, la libertad, la
curación, etc.] fluirá!».

9. Cuando el papel se queme, déjalo caer con seguridad en el cenicero y continúa cantando.
10. Siente cómo lo que estás desterrando se consume con el papel.
11. ¡Estírate, alcanza y muévete!
12. Siente la ligereza en tu interior, la facilidad con la que se mueve tu cuerpo en el exterior.
13. Agradece al Fuego y apaga la vela.
14. ¡El hechizo de destierro está lanzado!

Actúa de acuerdo

~ Lleva el resto de las cenizas afuera.
~ Sostén las cenizas en la palma de tu mano. Siente lo ingrávidas que son.
~ Respira hondo y hazlas volar.
~ Repite el hechizo las veces que sea necesario.

HECHIZO DE BARRIDO

Los lugares contienen energía. Tu casa contiene la tuya, la buena y la mala. Este hechizo te ayudará a limpiar y desterrar lo que necesita irse. Barre lo caduco y lo negativo y abre tu espacio y tu vida al flujo de energía positiva, optimismo y bienestar.

Puedes usar este hechizo para barrer los malos hábitos, las malas relaciones, la confusión mental y casi cualquier cosa que necesites sacar de tu casa y de tu vida.

La mejor manera de hacerlo es en un día hermoso, preferiblemente a principios de la primavera, pero puedes hacerlo siempre que lo necesites (una noche sin Luna en medio de una tormenta furiosa puede ser muy purificadora).

Necesitarás

~ Una escoba.

Lanza el hechizo

1. Abre todas las puertas y ventanas de tu casa.
2. Ponte en la puerta de tu casa, hazte con la escoba y respira profundamente.
3. Concéntrate en tu intención:

«¡Fuera (lo viejo) y dentro (lo nuevo)!».

4. Empieza por la puerta principal y ¡barre la negatividad! (Barre el polvo y la suciedad junto a las energías, o simplemente barre las energías manteniendo la escoba un poco alejada del suelo, las paredes y los techos).
5. Muévete en sentido contrario a las agujas del reloj, barriendo a lo largo del suelo, del techo y de las paredes de todas las habitaciones. ¡Barrer, barrer, barrer! ¡Barre la suciedad de las ventanas! Canta mientras barres:

«Barre, barre, barre lo viejo.
Barre el polvo y el moho.
Barre las lágrimas, los miedos y la aflicción.
Limpio las energías para un mañana mejor».

6. Barre las energías negativas de las ventanas.
7. Barre hasta que hayas completado el círculo de vuelta a la puerta principal. Barre los últimos restos de negatividad de esta.
8. ¡Cierra la puerta!
9. Coloca la escoba en el umbral para sellar y fijar el hechizo. Puedes decir:

«Mi casa está limpia y yo también».

10. Acércate a cada ventana, respira profundamente y da la bienvenida al aire fresco y limpio, a su claridad e inspiración a tu hogar. Mientras lo haces, di:

«¡Limpia y brillante, energía positiva
en mi casa y en mí!».

11. Cierra cada ventana.
12. De vuelta a la puerta principal, recoge la escoba y guárdala.
13. El hechizo está lanzado.

Actúa de acuerdo

Mantén tu espacio (en tu cabeza, en tu corazón y en tu casa) limpio y despejado, y dejarás espacio para que la magia fluya y para que tú crezcas.

HECHIZO DE VIENTO PARA DISIPAR LA CONFUSIÓN E INVOCAR LA CLARIDAD

Cuando más lo necesitas, pensar con claridad puede ser lo más difícil de hacer. Ese es el momento de pedir ayuda al Aire. La magia viaja en los vientos que soplan por toda la Creación, despejando la confusión. Lanza este hechizo para desterrar la incertidumbre y darte claridad.

Necesitarás

~ Un día ventoso.

Lanza el hechizo

1. Sal a la calle donde el viento sople con fuerza.
2. Siente el viento en la piel, siente cómo la ropa tira y se agita contra tu cuerpo, siente cómo tu pelo se levanta y se despeina.
3. Invita al Viento a trabajar contigo.
4. Pídele que despeje tu mente, que haga volar tu confusión y tu caos mental.
5. Respira profundamente.
6. Siente cómo el viento entra en tu cuerpo, en tu mente, en tu espíritu.
7. Siente el viento, respira hondo y déjate llevar.
8. Siente la apertura y la transparencia de tu mente.
9. Mira a tu alrededor: las nubes se mueven por encima, los árboles se balancean, los pájaros vuelan. Todo está en movimiento. Tu vista, tu mente y tu pensamiento son tan claros como el aire.

10. Dale las gracias al Viento.

11. El hechizo está lanzado.

Actúa de acuerdo

Vuelve a casa y escribe lo que sabes que es verdad.

HECHIZO DE VISTA DE ÁGUILA PARA UNA NUEVA PERSPECTIVA

Hay momentos en los que necesitas ver las cosas desde una nueva perspectiva, ya sea un conflicto contigo misma o con otra persona, o te sientes insegura, o simplemente no estás segura de cuál es el mejor camino a escoger.

Este hechizo trabaja con los espíritus de los pájaros sabios para darte un nuevo punto de vista. Deja que te eleven lo suficiente para ver el panorama general.

Necesitarás

~ Una pluma (que hayas encontrado durante tus paseos por la naturaleza).

~ Una vela blanca.

~ Un poco de incienso de sándalo (una barrita o polvo con carbón de incienso).

~ Un incensario.

~ Cerillas.

~ Bolígrafo y papel, o tu diario.

Lanza el hechizo

1. Baja la intensidad de las luces y enciende la vela.
2. Enciende la barrita de incienso o el carbón vegetal y añade una cucharadita del incienso en polvo.
3. Siéntate cómodamente. Respira. Tranquiliza tu mente y tu cuerpo.
4. Disfruta del efecto calmante del humo del incienso.
5. Llama al águila, al halcón o al búho para que trabajen contigo.
6. Cierra los ojos. Sujeta la pluma. Siente cómo llega tu guía.
7. Imagínate con tu pájaro, volando por encima del suelo, lejos de todos los problemas, responsabilidades y fuentes de estrés.
8. Siente lo maravilloso que es ser libre y estar alejada de tus preocupaciones.
9. Mientras vuelas, pregúntate qué te importará dentro de un mes, un año, cinco años. ¿Qué es realmente importante para ti?
10. Visualiza esa cosa verdaderamente importante debajo de ti. Déjate caer suavemente hasta que lo veas con claridad. Detente frente a ello, libre de ansiedad y plenamente presente con lo que importa.
11. Abre los ojos.
12. Añade otra cucharadita de incienso al carbón.
13. Anota lo que te importa en el diario.
14. Escribe y repite este hechizo de afirmación:

«Dejo ir la preocupación y la preocupación
me deja ir a mí.
Abrazo lo que más importa
¡y lo que más importa me da esperanza!».

15. Ahora que sabes lo que te importa, será más fácil dejar ir las cosas que no y aún más entregarte a las cosas que sí importan.
16. ¡El hechizo está lanzado!

Actúa de acuerdo

La próxima vez que algo que no tiene importancia te cause estrés, repite:

«Dejo ir la preocupación y la preocupación me deja ir a mí.
Abrazo lo que más importa
¡y lo que más importa me da esperanza!».

HECHIZO DE ADIVINACIÓN PARA LA ORIENTACIÓN

La adivinación te permite hablar con lo Sagrado siempre que necesites orientación, ya sea simplemente para el siguiente día o para una decisión que cambie tu vida. Lanza este hechizo de adivinación para obtener la guía de una fuente compasiva que siempre tiene tus mejores intereses en el corazón.

Necesitarás

~ Tu método favorito de adivinación o el ángel de la biblioteca (pág. 41).
~ Tu diario.
~ Bolígrafo.
~ Una vela.

Lanza el hechizo

1. Enciende la vela.
2. Acerca el método de adivinación a tu corazón y pídele a lo Sagrado que te hable.
3. Pregunta simplemente:

«Divinidad que vela por mí, ¿qué necesito saber?».

4. O pregunta más específicamente:

«Divinidad que vela por mí, ¿qué necesito saber sobre [asunto o preocupación específica]?».

5. Mueve, agita, lanza, deja que el libro se abra con la respuesta.
6. Estudia el mensaje que has recibido. Lee, reflexiona, interpreta. Considera cómo puedes seguir el consejo.
7. Escribe en el diario el mensaje y su significado para ti.
8. Agradece a la divinidad por su guía. Apaga la vela.

Actúa de acuerdo

Sigue los consejos que has recibido.

⨺ECHIZO RÁPIDO PARA EL PODER DEL CAMBIO

Incluso cuando sabes que es el momento, puede ser difícil reunir la energía que necesitas para cambiarte a ti misma o tus circunstancias. Lanza este rápido y potente hechizo con el fin de liberar tu pasado y tu poder para seguir adelante.

Necesitarás

~ Un tarro vacío con tapa.

~ Guisantes secos, maíz, judías o arroz.

Lanza el hechizo

Llena el tarro un cuarto de su capacidad con los guisantes secos, el maíz, las judías o el arroz.

1. Visualiza lo que necesitas cambiar.
2. Cierra el tarro.
3. Agítalo, baila y gira en sentido contrario a la dirección del movimiento del Sol (*widdershins*).
4. ¡Haz mucho ruido y libera el pasado!
5. Cuando sientas el cambio, deja de traquetear. Gírate y mira en la dirección opuesta.
6. Haz ruido, baila y gira en la dirección del movimiento del Sol (*deosil*).
7. Agita el aire con la energía de tu alma vibrando hacia tu propósito.
8. Cuando sientas el cambio, libera tu magia con un último y fuerte «¡Huzzzzzah!».

9. Ofrece el contenido de tu sonajero a la Madre Tierra con agradecimiento.

Actúa de acuerdo

Toma las medidas necesarias para cambiar lo que necesites. Deja atrás el pasado. Avanza hacia el futuro que estás creando.

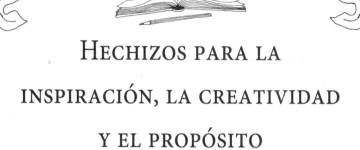

Hechizos para la inspiración, la creatividad y el propósito

Hay momentos en los que puede ser difícil ver tus dones, reconocer tu propósito, confiar en que el mundo necesita lo que tú solo puedes crear. Lanza estos hechizos y recuerda que estás aquí por razones que harán cantar a tu corazón y harán del mundo un lugar mejor.

HECHIZO RÁPIDO PARA LA INSPIRACIÓN

A veces todo lo que necesitas es un destello de inspiración, un poco de brillo, un empujón juguetón de tu musa para despertar tu creatividad. Este hechizo sensorial estimulará tu imaginación con magia perfumada.

Necesitarás

~ Un aceite de inspiración, se hace a partes iguales de:
  ◻ Aceite esencial de lentisco.
  ◻ Aceite esencial de canela.
  ◻ Aceite esencial de mirra.
~ Una botellita.
~ Un embudo.

Lanza el hechizo

~ Mezcla los tres aceites a tu gusto.
~ Huele, mezcla, gira, huele. Deja que la magia viaje por tu nariz y despierte tu imaginación.
~ Cuando tu nariz sepa que el aceite está en su punto, unge tu frente con un potente punto de inspiración.
~ Siente cómo tu mente se despeja, tu concentración se centra y tu creatividad empieza a fluir.
~ El hechizo está lanzado. La magia se está manifestando.

ḤECHIZO DE LA MUSA PARA LA CREATIVIDAD

Eres una persona creativa. Hay un don de expresión que es exclusivamente tuyo, algo que te aporta felicidad mientras lo haces. Pero puede haber momentos en los que dudes, sientas que te quedas atrás o atascada. ¿Cómo puedes encontrar la chispa divina y creativa dentro de ti?

Este hechizo invoca la ayuda y la inspiración de una de las musas, las diosas griegas de la poesía, las canciones, la danza, las historias y las ciencias.

Invoca a una musa y lanza este hechizo de prestidigitación artística para que fluya tu creatividad.

Necesitarás

~ Una vela del color que más te guste.

~ Bolígrafo y papel.

~ Una musa (lista de las musas a continuación).

~ Un altar para tu musa.

~ Cualquier cosa que sientas que necesites para fomentar tu creatividad.

~ Algo de ropa.

Preparación

~ Deja que tu intuición te ayude a encontrar a la musa adecuada a partir de esta lista:

   ▫ Calíope, musa de la elocuencia y la poesía heroica.

   ▫ Erato, musa del amor o poesía erótica.

   ▫ Polimnia, musa de la poesía sagrada (himnos).

- Terpsícore, musa de la danza.
- Thalia, musa de la comedia.
- Clío, musa de la historia.
- Euterpe, musa de la música, la canción y la poesía lírica.
- Melpómene, musa de la tragedia
- Urania, musa de la astronomía.

~ Lee, escucha, mira, estimula tu creatividad con la de los demás.

~ Rodéate de aromas, estatuas, colores, objetos de la naturaleza, obras de arte, libros, música, belleza y ejemplos de creatividad para inspirar la tuya.

~ Purifícate a ti misma y a tu espacio.

~ Despeja tu escritorio, tu espacio de trabajo, tu estudio, tu espacio creativo. Si no tienes uno, créalo, incluso un rincón de tu dormitorio o sala de estar servirá, siempre que esté preparado y listo para cuando tú lo estés.

~ Crea un altar para la musa utilizando tu creatividad.

Lanza el hechizo

1. Concéntrate en tu intención de crear.

2. Prepara el estado de ánimo, ¡un buen estado de ánimo ayuda a la creatividad! Pon música que te haga feliz. Enciende el incienso que te guste, o utiliza el aceite de inspiración rápida (véase hechizo anterior).

3. Ponte tu sombrero, camisa, zapatillas y/o joyas de la creatividad para que las energías fluyan. Cárgalos con esta intención, declarando que es tu ropa/joya de la creatividad.

4. Escribe y lee en voz alta una invocación/homenaje a la musa. Pídele su ayuda. Si lo prefieres, puedes utilizar esta breve invocación inspirada en la *Odisea* de Homero:

«Divina musa, diosa, inspira mi espíritu y sostén mi esfuerzo…».

5. Enciende la vela.
6. Haz garabatos, deja fluir tu conciencia, escucha música, juega… no importa qué o cómo crees, simplemente hazlo.
7. No te juzgues a ti misma ni a lo que has hecho. Todo está bien.
8. Dale las gracias a la musa.
9. Apaga la vela para fijar y terminar el hechizo.

Actúa de acuerdo

Mañana, vuelve a lanzar el hechizo y continúa tu proyecto creativo donde lo dejaste…

Dedícale tiempo y hazlo sagrado. Haz que ser creativa sea un ritual, algo que hagas constantemente. Cuando tu creatividad empiece a fluir, deja que se expanda al resto de tu vida, a tu trabajo, a tu casa…

Presta atención cuando pases tiempo en la naturaleza y cuando sueñes, ya que es en ese momento cuando tu inconsciente te trae regalos creativos desde el mar profundo de tu alma. Lleva un cuaderno contigo para anotar las cosas.

Honra a la musa. Comprométete a hacer lo que amas y la musa te bendecirá.

Hechizo para dejar de procrastinar ¡Y LLEGAR A ESA FECHA LÍMITE!

Presenta los impuestos, haz el trabajo, entrega el proyecto. Los plazos pueden desencadenar la parálisis, la procrastinación y todo tipo de evasión inteligente. O puedes lanzar este hechizo diario para llegar a la meta como Abebe Bikila, que ganó la maratón olímpica descalzo. Una fecha límite no tiene que ver con lo que hay que hacer, sino con que tú lo hagas.

Necesitarás

~ Un calendario de papel.
~ Bolígrafo rojo grueso.
~ Una promesa contigo misma.

Lanza el hechizo

1. Fija tu intención. Nombra la tarea.
2. Haz un círculo que rodee la fecha límite en el calendario. Escribe lo que tienes que hacer. Dibuja globos, flores, llamas, caras felices, cosas que te recuerden lo bien que te sentirás al cumplir tu objetivo.
3. Céntrate.
4. Mira hacia el este y di:

«Espíritus del Aire, bendecidme con la claridad.
Ayudadme a pensar y a expresarme claramente».

5. Mira hacia el sur (o hacia el norte en el hemisferio sur) y di:

«Espíritus del Fuego, bendecidme con energía.
Dadme la determinación y el empujón para
alcanzar mi plazo».

6. Mira hacia el oeste y di:

«Espíritus del Agua, bendecidme con amor
y cuidado personal.
Dejad que la preocupación, la duda y el estrés se
vayan y permitid que la esperanza, la confianza y el
optimismo fluyan».

7. Mira al norte (o al sur en el hemisferio sur) y di:

«Espíritus de la Tierra, bendecidme con fuerza y
resistencia.
Ayudadme a trabajar bien y a cumplir mi objetivo a
tiempo».

8. Céntrate y di:

«¡Espíritu, mantenme centrada y
ayúdame a cumplir mi objetivo a tiempo!».

9. Prométete a ti misma que cumplirás con el plazo. Di en voz alta, tres veces, con compromiso:

«Sí, puedo y lo haré».

10. Visualízate consiguiéndolo. Siente lo bueno que será completar esta tarea.
11. El hechizo está lanzado. Ve directamente a trabajar.

Actúa de acuerdo

Haz tiempo y concibe tu trabajo como algo sagrado. Céntrate rápidamente cada día antes de trabajar. La inercia se desvanecerá y el impulso crecerá y te llevará.

Cuando hayas cumplido el plazo, declara tres veces: «¡Lo he conseguido!». Escríbelo en tu calendario con grandes letras rojas. Felicítate y celébralo. La próxima vez será más fácil porque sí, ¡puedes!

HECHIZO PARA POTENCIAR LOS BUENOS HÁBITOS

A veces puede parecer muy difícil crear un nuevo hábito, incluso cuando es algo que quieres. Deja de luchar y comienza a celebrar con este hechizo que literalmente cambiará tu cerebro y hará que tu nuevo hábito sea divertido. Lanza este hechizo y sigue los pasos para estar más saludable y feliz con un nuevo, divertido y buen hábito.

Necesitarás

~ Lo único que necesitas es a ti.

Lanza el hechizo

1. Fija tu intención. ¿Cuál es tu nuevo hábito para vivir bien?

2. Hazlo, sea el que sea. No tiene que estar perfectamente hecho, ni llevar mucho tiempo. ¡Simplemente hazlo!

3. Cuando termines, célebralo de una manera que te haga sentir feliz, fortalecida y exitosa. Hazlo de forma sencilla y real. Por ejemplo, di en voz alta, como si lo sintieras de verdad:

«¡Lo conseguí, soy increíble!
¡Tengo magia y está funcionando!».

4. Haz algo físico que refuerce esa buena sensación: apláudete a ti misma, haz el baile de Snoopy. ¡Sonríe! Eso activará el hechizo y lo pondrá en marcha.

Actúa de acuerdo

Celebra cada vez que completes el buen hábito. Cuanto más te entregues a las emociones positivas que estás generando y reforzando, más rápido se afianzará.

HECHIZO RÁPIDO PARA UNA DIRECCIÓN CLARA

Cuando la vida diaria parece que te tiene dando vueltas sin llegar a ningún sitio, en lugar de cumplir tus sueños y manifestar tu propósito, es el momento de pedir al Universo que te guíe. Lanza este hechizo para obtener una dirección clara, pero estate dispuesta a abandonar el mapa y confiar en la aventura que tu vida está destinada a ser.

Necesitarás

~ Cinco minutos.

Preparación

~ Si quieres, crea un incienso de dirección clara para quemar o una poción de dirección clara para llevar envuelta en un fardo de tela verde atado con un cordón del mismo color. Se hace con partes iguales de lo siguiente:
  - Laurel.
  - Cayena.
  - Cilantro.
  - Incienso.
  - Enebro.
  - Artemisa.
  - Mirra.
  - Orégano.
  - Menta.

Lanza el hechizo

1. Sostén la poción de dirección clara en tu mano o quema el incienso de dirección clara.
2. Mira hacia el este, cierra los ojos, estira los brazos y gira lentamente en el sentido de las agujas del reloj.
3. Vuélvete hacia dentro. ¿A dónde quieres ir?
4. Gira lentamente hasta que tu corazón te diga: «¡Para!».

5. Abre los ojos y da un paso en la dirección que tu corazón ha elegido.

Actúa de acuerdo

Trabaja mágicamente con el elemento de la dirección que tu corazón ha elegido durante el próximo ciclo lunar. Lleva la poción de dirección clara contigo mientras viajas hacia adelante y confía en que estás siendo apoyada en cada paso que das.

HECHIZO EN ESPIRAL PARA ENCONTRAR TU PROPÓSITO

Hay momentos en los que la vida parece un laberinto y tus objetivos, tus sueños, tu propósito parecen tan lejanos como la Luna. Pero en tu interior, la espiral sagrada de tu ADN guarda el patrón de tu destino, el propósito de tu vida. Si puedes verlo, puedes serlo. Deja que este hechizo te ayude a ver la magia para la que has nacido.

Necesitarás

Algunas de las siguientes o todas:

- ~ El caparazón de un caracol.
- ~ Un caparazón de nautilus.
- ~ Un girasol.
- ~ Una piña de pino.
- ~ Una piña.
- ~ Una coliflor.

HECHIZOS PARA VIVIR BIEN

~ Una col lombarda cortada por la mitad.

~ Un cactus.

~ Una imagen de un huracán.

~ Una imagen de una galaxia.

~ Una imagen de los cuernos de una cabra.

~ Una imagen de un helecho antes de abrirse.

~ Tu huella dactilar.

~ Un espejo.

~ Una herramienta de adivinación.

~ Tu diario.

~ Un altar.

Lanza el hechizo

1. Sé clara en tu intención de ver, conocer y manifestar tu propósito.

2. Traza un círculo.

3. Coloca las espirales que has conseguido en el altar o delante de ti.

4. Tócalas, gíralas, siente su textura y sus dibujos bajo las yemas de los dedos. Observa con atención sus dibujos en espiral. Son objetos de poder que encarnan la magia y revelan el patrón divino de la vida.

5. Mira tu huella dactilar. Mírate en el espejo.

6. Realiza una danza en espiral:

   ▫ Pide a uno de los objetos de poder que trabaje contigo.

   ▫ Acércalo a tu corazón, recibe su bendición.

   ▫ Sosteniéndolo, empieza a moverte lentamente en sentido contrario a las agujas del reloj desde el altar, en una espiral cada vez más amplia.

- Cuando llegues al punto más externo, sujeta el objeto de poder hacia arriba, en dirección a los reinos del Espíritu y luego hacia la Madre Tierra.
- Gira en la dirección opuesta y comienza a moverte en el sentido de las agujas del reloj hacia el interior, en espirales cada vez más cerradas hasta llegar al altar.
- Mantén tu objeto de poder cerca de tu corazón y agradécelo.

7. Siéntate y contempla la magia en espiral de la vida ante ti, a tu alrededor y en tu interior.

8. Utilizando tu herramienta de adivinación, pregunta a lo Sagrado lo que necesitas visualizar para conocer y manifestar tu propósito.

9. Siente tu propósito dentro de tu corazón, siente tu capacidad de experimentarlo en el mundo. Siente tu magia.

10. Lo primero que la magia cambia es a una misma; cuando encuentras tu propósito, encuentras tu fuerza.

11. Agradece al Espíritu. Agradece a la Madre Tierra.

12. Cierra el círculo.

Actúa de acuerdo

Mantén estas espirales de vida en lugares de respeto y come lo que es comestible.

Trabaja con el objeto de poder para seguir manifestando tu propósito con visión y fuerza.

HECHIZO DE NUDO PARA LA DETERMINACIÓN

La magia de los nudos es una práctica muy antigua que puede utilizarse para muchos fines. A continuación, te comparto una forma antigua y muy potente de trabajarla dentro de un hechizo para fortificar tu determinación.

Necesitarás

~ Un cordón rojo de treinta y tres centímetros de largo. (Utiliza el cordón del color que sea apropiado para otros objetivos).

Lanza el hechizo

1. Imagínate sintiendo y actuando con determinación.
2. Compón un conjuro que rime para ello. Podrías decir:

«Aquí estoy con determinación y
dirijo mi vida porque es mi creación».

3. Sujeta el cordón con las manos y concéntrate mientras haces un nudo en un extremo.
4. Canta el conjuro mientras haces el nudo. Sentirás cómo actúa en tu cuerpo, en tu psique y en tu alma cada vez que tires de la cuerda para hacer un nudo, la energía se irradiará a través de ti y hacia la Creación.
5. Haz un segundo nudo en el otro extremo.
6. Para un hechizo ligero o rápido, haz un nudo en el centro. Debe quedar un total de tres nudos:

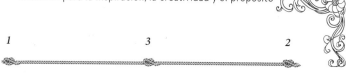

7. Para un hechizo fuerte (especialmente para la protección o para atar la negatividad), haz nueve nudos, siguiendo el patrón de anudado hacia delante y hacia atrás:

8. Con cada nudo, siente que tu determinación se hace más fuerte.

9. Cuando hagas el último, siente que tu determinación fluye a través de ti.

10. Fija el hechizo declarando: «¡Que así sea!».

Actúa de acuerdo

Guarda el cordón en algún lugar seguro o contigo, hasta que tu determinación haya dado sus frutos o se manifieste el propósito del hechizo.

Para reforzar el hechizo, toca cada nudo en el orden en el que los ataste y canta o repite el conjuro en silencio.

Cuando el hechizo se haya manifestado o para deshacerlo, desata los nudos en orden inverso desde el centro hacia afuera, liberando el hechizo a medida que avanzas.

HECHIZO PARA CELEBRAR TU ÉXITO

Si eres como yo, probablemente tiendas a pasar por alto tus propios logros, asumiendo que son simplemente lo que se espera de ti mientras pasas a la siguiente tarea. Es hora de reconocer y honrar lo que has logrado y darte el respeto y las felicitaciones que te has ganado. Lanza este hechizo para celebrar tu éxito.

Necesitarás

~ Un altar de tus logros.
~ Tus flores favoritas.
~ Una vela de tu color favorito.
~ Algo de ropa que te guste ponerte.
~ Algo delicioso para comer y beber.
~ Música que te encante.

Preparación

~ Prepara el altar y llénalo de fotos, objetos y símbolos que representen lo que has creado o logrado: fotos tuyas o de tus hijos, libros que has escrito, diplomas y honores que te han concedido, el primer dólar que ganaste, tus obras de arte, tus trabajos manuales, tu trabajo de voluntariado, tus prácticas espirituales o tus logros deportivos (como, por ejemplo, las zapatillas que usaste en una maratón).
~ Ponte tu ropa de fiesta.
~ Enciende la música.

Lanza el hechizo

1. Dirígete al altar. Mira lo que has logrado. Tómate tu tiempo y asimílalo de verdad. Es increíble, ¿no?
2. Descorcha el champán o lo que quieras beber. Brinda por ti misma, y declara en voz alta y con fuerza:

«¡Lo conseguí! Sí, lo conseguí. ¡Lo conseguí!
¡Conseguí eso, y eso, y eso!
Porque sí: ¡Sí, puedo!
¡Y lo he hecho!
¡Y lo haré de nuevo!
¡Que así sea!».

3. Diviértete. Te lo mereces.
4. El hechizo está lanzado.

Actúa de acuerdo

La próxima vez que consigas algo, tómate el tiempo para honrar tu éxito y celebrarlo de una manera significativa, aunque sea pequeña.

Hechizos para la protección, la fuerza y el valor

Vivimos en una época de difíciles desafíos globales y el miedo, la preocupación y el sentimiento de vulnerabilidad pueden ser reacciones razonables ante circunstancias que no lo son. La vida también está llena de retos personales, pero cuando los afrontes, descubrirás que eres más fuerte de lo que pensabas. Aquí te comparto los hechizos para convocar el amoroso, maravilloso y protector poder de la vida que tú eres.

HECHIZO RÁPIDO DE ESFERA DE PROTECCIÓN

En caso de que lo necesites, es importante tener el poder de protegerse a una misma. También es útil ser capaz de cubrirse las espaldas ante los pequeños agravios de la vida, los accidentes involuntarios y las energías negativas, ya sea un jefe gruñón o un metro abarrotado, un trol en línea o un tirano autocrático. Envuélvete en una esfera de luz con este hechizo de protección para permanecer tranquila, segura y a salvo.

Lanza el hechizo

1. Fija tu intención (con determinación) de rodearte de una protección impenetrable.
2. Coloca las manos sobre tu estómago. Siente la energía, el calor, el poder. Visualiza una esfera de luz en el centro de tu estómago.
3. Aplaude con fuerza, estira los brazos con las palmas hacia fuera y envía la esfera al exterior, cubriéndote por completo.
4. Siente la energía que fluye a través de las palmas de tus manos a tu alrededor, delante y detrás de ti, por encima y por debajo de ti.
5. Siente la esfera de energía, poder y protección que te rodea.
6. Declara: «Estoy a salvo. Estoy protegida. Estoy segura».
7. Si estás en un espacio público, visualiza la energía que se envía desde tu centro.

8. Cuando ya no necesites la esfera de protección, extiende la mano y agárrala con las dos y vuelve a meterla en tu estómago. O visualízate a ti misma haciéndolo.

CONJURO PARA PROTEGERSE DE LAS ENERGÍAS NEGATIVAS

Este es un hechizo muy antiguo de un grimorio inglés que sirve para crear un amuleto protector contra el «ataque psíquico», un término bastante dramático para las energías negativas de hoy en día. He incluido sustitutos que son más fáciles de conseguir. Lánzalo siempre que necesites ese extra de protección.

Necesitarás

~ Una bolsita.

~ Una cuenta de ámbar y una de azabache.

~ Flores de saúco (o bayas de saúco).

~ Ortiga (ajo).

~ Raíz de sanguinaria (cilantro).

~ Mandrágora (tabaco).

~ Muérdago (menta o salvia).

~ Low John (raíz de galanga o jengibre).

Lanza el hechizo

1. Traza un círculo.

2. Establece tu intención de protegerte contra las energías negativas.

3. Pon los objetos en la bolsita para hacer el amuleto. Inhala tu intención de estar segura y protegida en la bolsita de protección.
4. Bendícelo dibujando un pentagrama en la bolsita de protección con tu mano dominante.
5. Cuelga el amuleto sobre la puerta o llévalo contigo.
6. ¡El hechizo está lanzado!

Poner flores de saúco en cada rincón de la habitación también es muy eficaz. Retíralas periódicamente y pon un nuevo lote.

HECHIZO PARA ESTABLECER LÍMITES

Cuidar de los demás forma parte de ser una persona bondadosa. Pero tanto si eres una cuidadora profesional como si simplemente vives tu vida como amiga o familiar, necesitas establecer límites saludables. Y la vida diaria (en el trabajo, en el supermercado, en la gasolinera) puede enfrentarte a comportamientos que pueden poner a prueba tu paciencia y desafiar tu amor por la humanidad. Este es un hechizo para erigir y reforzar unos límites saludables, para mantener las energías negativas alejadas y para proteger y preservar tu paz mental, energía y bienestar. Es un hechizo de empoderamiento del autocuidado.

Necesitarás

~ Un puñado de sal.

~ Si lo deseas, una botellita de color ámbar, un embudo pequeño y un poderoso aceite de protección de los límites hecho con:

- ◻ Dos cucharadas de aceite de jojoba.

- ◻ Cinco gotas de cada uno de los siguientes aceites esenciales: cedro, canela, geranio, menta y ruda.

- ◻ Una pizca de romero molido.

Preparación

~ Crea un aceite de protección de los límites:

- ◻ Vierte los aceites en la botellita de color ámbar.

- ◻ Cierra y agita el frasco. Huele y ajusta el aceite, añadiendo con cuidado pequeñas cantidades de los aromas que prefieras hasta que te resulte agradable.

- ◻ Agita el frasco de nuevo sintiendo cómo se combina la energía de los aceites.

~ Carga el aceite con tu poder e intención de establecer límites protectores a tu alrededor.

Lanza el hechizo

1. Traza un círculo a tu alrededor, espolvoreando sal a medida que avanzas. Siente que el círculo forma un límite a tu alrededor, por encima y por debajo de ti, manteniendo cualquier energía negativa fuera y tu

energía positiva, tranquilidad, calma y confianza dentro.

2. Di:

«Conjuro el poder en mi alrededor y en mi interior.
Escúdame y protégeme de toda intrusión».

3. Ponte una gota del aceite de protección de los límites en un dedo y tócate el tercer ojo, la garganta, el corazón, el estómago, el chakra raíz y las muñecas. (No te toques los ojos).

4. Respira profundamente tres veces, inhalando el perfume y el poder del aceite que está expandiendo los límites que te protegen de la intrusión, la confusión o el agotamiento.

5. Cuando sientas que tus límites están bien establecidos, cierra el círculo.

Actúa de acuerdo

Usa el aceite de protección de los límites cada vez que te sientas invadida, repite en silencio el hechizo mientras refuerzas los límites de tu alrededor. También puedes llevar un poco de sal en el bolsillo.

Distánciate de las personas que te drenan la energía. Decir: «No, lo siento, no puedo» puede ser un hechizo de límite apropiado.

Y déjate guiar por tu instinto: si tu intuición te dice que te alejes, hazlo.

₵ECHIZO DE RETORNO RÁPIDO AL REMITENTE

Este es el antiguo hechizo, y mi técnica favorita, para rechazar sin esfuerzo la transmisión de energías negativas. No hay necesidad de comprometerse o de perder un tiempo valioso, emociones o energía. Simplemente lanza este hechizo para devolver la negatividad de donde vino y seguir viviendo bien.

Necesitarás

~ Un espejo pequeño (uno compacto sería perfecto, ya que puede colocarse en posición vertical), o una bola de bruja, que es un pequeño adorno cubierto de pequeños espejos.

Lanza el hechizo

1. Coloca el espejo en dirección contraria a ti y hacia quien sea que te esté enviando negatividad.
2. O cuelga la bola de bruja (originalmente se decía que alejaba a las brujas, pero ya conocemos la verdadera magia) en una ventana o puerta para hacer rebotar la negatividad hacia el remitente.
3. El hechizo está lanzado. Sigue viviendo bien.

Poción de paz y protección

Tener que protegerse puede resultar inquietante. Esta pequeña poción (y las hierbas y aceites que la componen) puede ayudarte a mantener el equilibrio y la sensación de bienestar.

Necesitarás

~ Cuatro partes de lavanda.
~ Tres partes de albahaca.
~ Tres partes de tomillo.
~ Dos partes de incienso.
~ Dos partes de verbena.
~ Una pizca de ruda.
~ Una pizca de benjuí.
~ Unas gotas de los aceites esenciales de jazmín y bergamota.

Lanza el hechizo

1. Visualízate segura, en paz y protegida.
2. Mezcla la pócima mientras visualizas tu bienestar.
3. Envuélvela en un pedazo de tela azul atada con una cinta del mismo color, en un pañuelo de algodón o en una bolsa de muselina.
4. Inhala el perfume y llévalo contigo.
5. ¡El hechizo está lanzado!

La poción también funciona como un maravilloso baño de paz y protección.

HECHIZO RÁPIDO PARA EL VALOR DEL GUERRERO

El tomillo es una hierba antigua, un regalo de fortaleza de la Madre Tierra, profundamente respetado por su poder de protección y de inspirar valor. Los guerreros de la antigua Grecia lo quemaban en los templos. Los soldados romanos se bañaban en aguas infusionadas con él. Los combatientes ingleses se lo metían en las botas cuando iban hacia la batalla y lo llevaban como insignia de honor en el pecho. Lanza este hechizo para que el tomillo te preste su potente magia cuando necesites un poco más de valor.

Necesitarás

~ Un poco de tomillo.

Lanza el hechizo

1. Pide ayuda al tomillo, planta de poder.
2. Pon un poco de tomillo en tus zapatos y en tus bolsillos.
3. Mientras lo haces, di con convicción:

«Si estoy asustada,
¡debo convertir el miedo en valor y la duda en
confianza!».

4. Agradece al tomillo por prestarte su poder. Agradece a la Madre Tierra por su apoyo.
5. El hechizo está lanzado, ¡puedes con esto!

Actúa de acuerdo

Recuerda el truco: siente tu miedo y actúa de todas formas. El valor es tu recompensa.

HECHIZO DEL CORAZÓN DE LA OSA PARA EL VALOR BAJO PRESIÓN

Hay momentos en los que debes defender lo que es correcto. El secreto de esta magia es que cuando sirves a algo más grande que tú, te hará más grande de lo que ya eres. Descubrirás que tienes el poder de hacer lo que es correcto, incluso si parece que te pone del lado perdedor. Cuando te enfrentes a lo peor, lanza este hechizo para convocar el coraje de la osa y esta sacará el tuyo propio.

Necesitarás

~ Crear un altar para la osa.
~ Los ingredientes para una poción del corazón de la osa:
  ◦ Arrayán molido (o mirto de Brabante).
  ◦ Castaño de Indias molido.
  ◦ Una hoja de laurel.
  ◦ Un poco de albahaca.
  ◦ Cinco semillas de datura (también llamada flor de luna, espino, hierba carmesí o trompeta del diablo; no te las comas, ya que pueden ser peligrosas) o de clavel blanco.
  ◦ Tres gotas de miel pura o un pedazo de panal.

~ Una piedra y un poco de tierra del lugar donde vives o de tu lugar de poder.

~ Una bolsita de cuero.

Lanza el hechizo

1. Establece tu intención de honrar a la osa e invoca su ayuda para encontrar tu valor.

2. Mezcla los ingredientes, añade la piedra y la tierra y mételos en la bolsita.

3. Ánclate. Siente la energía de la Madre Tierra, la Madre Osa, que viene a ti para darte valor.

4. Carga la poción del corazón de la osa acercándola a tu corazón.

5. Agradece a la Madre Tierra, a la Madre Osa.

6. El hechizo está lanzado.

Actúa de acuerdo

Lleva la poción contigo cuando necesites la magia de la osa. Devuélvela a la Madre Tierra cuando ya no la necesites.

HECHIZOS PARA

EL AUTOCONOCIMIENTO

Y LA SERENIDAD

El autoconocimiento es el principio de la autoaceptación, la paz interior y el poder del cambio. Estos hechizos te ayudarán a verte con claridad y con la compasión y la confianza de que nunca estás sola, ya que la magia y el apoyo que necesitas están siempre presentes. Ese apoyo puede incluir atención terapéutica y médica que estos hechizos no sustituyen, sino que complementan.

ḦECHIZO PARA DISIPAR LA ANSIEDAD SOCIAL

No es raro sentirse incómoda en situaciones sociales desconocidas. Pero ¿y si la ansiedad te impide salir o relacionarte con la gente? ¿O qué pasa si simplemente te sientes torpe y rara? Un hechizo puede ser una forma maravillosa de disipar la ansiedad, puede literalmente cambiar la forma en la que estás pensando y, de esta manera, cambiar la forma en la que estás actuando y reaccionando. Este es un hechizo lento, fácil, se debe llevar paso a paso con el fin de salir del aislamiento y lograr una mayor comodidad y conexión.

Necesitarás

~ Bolígrafo y papel.
~ Cinta adhesiva.
~ Una vela rosa.
~ Cerillas.

Lanza el hechizo

1. Fija tu intención de sentirte menos ansiosa.
2. Traza un círculo simple tu alrededor.
3. Pide a los espíritus del Aire que te ayuden a pensar con claridad.
4. Pide a los espíritus del Fuego que te den valor.
5. Pide a los espíritus del Agua que te mantengan en calma.
6. Pide a los espíritus de la Tierra que mantengan tu cuerpo anclado.
7. Siéntate en el centro del círculo. Enciende la vela.

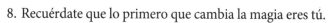

8. Recuérdate que lo primero que cambia la magia eres tú.

9. Respira profundamente y con calma.

10. Piensa en una situación social que te cause ansiedad.

11. Escribe en el papel tus pensamientos negativos sobre ti o sobre los demás, por ejemplo: «Soy aburrida, soy antipática, la gente solo es amable porque quiere algo de mí».

12. Declara tu disposición a soltar esa forma de pensar y sentir.

13. Rompe el papel en pedazos grandes y siente que los pensamientos y sentimientos ansiosos te abandonan.

14. Respira. Siente la claridad, el valor, la calma y el anclaje.

15. Coloca los trozos de papel con las caras escritas hacia abajo.

16. Ahora pregúntate: «¿Cómo puedo abordar la situación de forma diferente? ¿He estado en un entorno social en el que me he sentido bien conmigo misma o en el que los demás me han sorprendido? ¿Puedo comunicar mis preocupaciones a los ayudantes ocultos dondequiera que esté? Ya sea un amigo que esté en la misma habitación, una obra de arte bonita que me haga sentir bien, una planta o un árbol, ¿o incluso un espíritu amistoso? ¿Cómo me gustaría hablar conmigo misma?».

17. Escribe tus respuestas en los papeles. Pégalos con cinta adhesiva.

18. Siente lo diferente que es la energía en el papel y en tu cuerpo.

19. Afirma que estás sustituyendo tu guion negativo por uno positivo.

20. Escribe un sencillo hechizo de afirmación, por ejemplo:

«Estoy a salvo.
Pertenezco.
Me mantengo fuerte».

21. Léelo en voz alta repitiéndolo hasta que se convierta en un canto.
22. Coloca las manos sobre tu corazón y siente cómo la energía fluye hacia ti.
23. Siente el hechizo trabajando en tu interior.
24. Cuando estés lista, agradece a los elementos por su bendición.
25. Apaga la vela.
26. Cierra el círculo.
27. Descansa un poco.

Actúa de acuerdo

Tacha tu antiguo guion. Guarda el nuevo boca arriba y el hechizo de afirmación en algún lugar seguro, como tu diario, o pégalo debajo de una planta que cuides, así cuando estés cuidándola, cultivarás esas cosas dentro de ti.

Vuelve a leerlo siempre que necesites recordarlo. La próxima vez que te encuentres en una situación social, cuando empiecen los pensamientos negativos, haz una pausa. Recuerda tu intención de hablarte a ti misma de la nueva manera. Repite el hechizo de afirmación para ti misma. Siente cómo crece la voz de la confianza en tu interior y cómo disminuye la ansiedad. Recuerda esa nueva sensación. Sonríe. La magia está funcionando. Estás cambiando.

ꝶ HECHIZO PARA LA AUTOACEPTACIÓN

Aprende las lecciones de tu pasado y encontrarás la magia para aceptarte tal y como eres ahora, para verte con amabilidad, con tus puntos fuertes y tus debilidades. Desde este lugar de autoaceptación, puedes decidir cómo cuidar mejor de ti misma, lo que quieres o necesitas cambiar y qué pasos tomar para llevarlo a cabo. Este es un hechizo amable para la autoaceptación.

Necesitarás

- ~ Un altar o una mesa pequeña para sostener un espejo vertical.
- ~ Una vela.
- ~ Tu diario.
- ~ Bolígrafo y papel.
- ~ Una varilla de incienso de sándalo o polvo con carbón de incienso.
- ~ Un incensario.
- ~ Cerillas.

Lanza el hechizo

1. Traza un círculo.
2. Quema el incienso.
3. Pon la vela delante del espejo.
4. Enciéndela.
5. Escribe en tu diario tu intención de aceptarte tal y como eres.

6. Reflexiona sobre lo que consideras que son errores, pero escribe sobre ellos como oportunidades de aprendizaje. Responde a estas tres preguntas:

- ¿Qué he aprendido?
- ¿Qué cosas hago bien, incluyendo las pequeñas?
- ¿Cuáles son mis puntos fuertes?

7. Escribe un hechizo de afirmación que sea significativo para ti. Por ejemplo:

«Eso se acabó. He aprendido de mi pasado.
Con amor y aceptación, mi futuro ha comenzado».

8. Mírate en el espejo y ve la luz que brilla en tus ojos.
9. Recita el hechizo mientras te miras.
10. Sigue recitándolo hasta que te sonrías a ti misma.
11. Promete ser más amable contigo misma.
12. Apaga la vela.
13. El hechizo está lanzado.
14. Cierra el círculo.

Actúa de acuerdo

Pregunta a un amigo de confianza cuáles son tus puntos fuertes y qué valoran de ti. Eres maravillosa y sabia por ser como eres. Sé amable contigo misma.

HECHIZO DE RÁFAGA SOLAR PARA CUANDO SIENTAS SÍNTOMAS DEL TRASTORNO AFECTIVO ESTACIONAL

Cuando llega el invierno y se va el sol, los osos hibernan, los peces duermen, los árboles dormitan. Las cosas se ralentizan de forma natural para descansar, y tú también deberías hacerlo, sin embargo, hay que trabajar. El trastorno afectivo estacional es algo real, especialmente para las mujeres cuyas hormonas se ven afectadas por la falta de luz solar, quienes pueden sentirse deprimidas, perezosas e incapaces de concentrarse. Incluso aunque siempre estés cansada, puede ser difícil dormir.

Este es un hechizo de ráfaga solar de la vieja escuela a gran escala para remediar la privación de luz durante el invierno. Mantente cargada mediante hechizos solares más pequeños repetidos regularmente hasta que vuelva la primavera, junto con tu energía natural.

El mejor momento para lanzarlo es durante el invierno, cuando el Sol está alto en el cielo, pero hazlo cuando lo necesites.

Necesitarás

~ Algo de ropa amarilla o naranja.

~ Un altar.

~ Un paño amarillo o naranja.

~ Una vela de siete días amarilla o naranja.

~ Un cuchillo pequeño.

~ Aceite solar: partes iguales de aceite de incienso y mirra.

~ Incienso solar: incienso y mirra, con tres gotas de aceite solar.

~ Carbón vegetal y cerillas.

~ Pétalos de flores amarillas y naranjas.

~ Música que te haga feliz.

~ Un cuenco.

~ Miel.

~ Algo rico para comer.

~ Una imagen del sol, o de una deidad solar (opcional).

Preparación

~ Enciende la música.

~ Prepara el altar de ráfaga solar.

~ Mezcla el aceite.

~ Agradece las hierbas y mezcla el incienso.

Lanza el hechizo

1. Traza un círculo.

2. Enciende el carbón y pon una cucharadita del incienso solar para que arda.

3. Fija tu intención de cargarte de energía positiva, soleada y ardiente. Visualízate sintiéndote mejor, más entusiasta, con más energía.

4. Invoca el poder del Sol.

5. Acerca la vela a tu corazón y declara tu intención:

«Ayúdame a sentir la luz que brilla dentro de mí,
a sentir el Fuego que arde en mi interior».

6. Prepara la vela de ráfaga solar.

   ▫ Talla en la vela un símbolo del sol como sigilo para sentirte con energía.

   ▫ Engrasa la vela con el aceite solar, desde la mecha hasta la base, atrayendo el poder del Sol y del Fuego hacia ti mientras lo haces.

   ▫ Disfruta de la fragancia y siente que te llena de energía.

   ▫ Añade los pétalos de las flores en el cuenco.

   ▫ Coloca la vela en el cuenco sobre los pétalos.

- ▫ Vierte unas gotas de miel sobre la vela y los pétalos.
- ▫ Saborea la miel. Recuerda que la primavera y el verano volverán con toda su dulzura.
7. Enciende la vela. Siente cómo tu intención se convierte en energía al encender la cerilla y la mecha.
8. Rodea con las manos la llama de la vela y lleva la luz a tu corazón. Siente cómo arde en tu interior.
9. Canta el hechizo:

> *«¡La llama de la vida que regresa,*
> *arde brillante en mi interior!».*

10. Baila. Siente el Fuego arder dentro de ti.
11. Antes de que la llama de tu energía llegue a su punto máximo, da gracias al Sol, a la luz de tu interior, a tu cuerpo y a tu espíritu.
12. Ánclate comiendo lo que has preparado. Bebe un poco de agua. Saborea la miel. Siente cómo la energía fluye a través de ti.
13. Cierra el círculo.

Actúa de acuerdo. El hechizo continúa...

~ Coloca la vela en un lugar seguro y déjala arder durante los próximos siete días hasta que el hechizo haya terminado.

~ Pasa unos minutos frente a ella cada día hasta que se consuma.

~ Lleva la llama a tu corazón, a tu mente, a tu plexo solar.

~ Canta: «¡La llama de la vida que regresa, arde brillante en mi interior!».

~ Cuando la vela se haya consumido y el hechizo haya terminado, agradece al Sol la vida que te da y también a la Madre Tierra.

Actúa de acuerdo con la magia práctica para el autocuidado con privación de la luz

~ Sal todos los días a saludar al Sol, aunque esté nublado. Felicítate en voz alta y con entusiasmo por salir al exterior. Solo diez minutos de luz en tu retina marcan una verdadera diferencia.

~ Coloca bombillas de espectro completo en todas tus lámparas y consigue una caja de luz. Comenzar la terapia de luz cuando empieza el otoño puede ayudar a evitar los síntomas del trastorno afectivo estacional.

~ Usa colores brillantes del extremo cálido del espectro como el rojo, el naranja, el amarillo y el rosa.

~ Come bien, eligiendo alimentos que liberen energía lentamente y que te ayuden a mantener los niveles de azúcar estables, como las verduras sin almidón: la coliflor, el brócoli y las espinacas; el arroz integral, la avena, los cereales, los frutos secos y las semillas.

HECHIZO PARA UNA CHISPA DE ENERGÍA EN LA OSCURIDAD DE LA DEPRESIÓN

La depresión puede hacer que las tareas más sencillas parezcan imposibles. El simple hecho de salir de la cama y darse una ducha puede acabar con toda la energía que tienes para el día. Aquí tienes un hechizo para que una chispa ilumine tu camino y de esta manera salir de la oscuridad de la depresión y volver a la vida.

Necesitarás

~ Una vela blanca.

~ Cerillas.

~ Bolígrafo y papel.

~ Un objeto de poder.

Lanza el hechizo

1. Traza un círculo.

2. Mira hacia el norte (en el hemisferio norte; al sur en el hemisferio sur) mientras sujetas un objeto de poder. Reconoce la profundidad y la oscuridad de tu depresión.

3. Mira hacia el sur (en el hemisferio norte; hacia el norte en el hemisferio sur) mientras enciendes la vela y honras a los poderes del Fuego. Pídeles que despierten la chispa del Fuego en tu interior.

4. Ahueca las manos detrás de la llama y llévatela al corazón y al plexo solar.

5. Permítete sentir la pequeña llama en tu interior. Confía en lo que sientes, ves y experimentas.

6. La luz, el calor, el poder de la vela es la misma luz, calor y poder de la llama que encuentras en tu interior.

7. Acoge esta chispa de fuerza vital, esta energía de tu interior, sin importar su tamaño. Siente cómo brilla en la oscuridad.

8. Escribe en el papel una pequeña tarea que te gustaría realizar.

9. Coloca la vela encima del papel para iluminar la tarea.

10. Devuelve la atención a la llama que hay en tu interior y estate segura de que tendrás esa energía para completar la tarea.

11. Agradece los poderes del Fuego.

12. Siéntete orgullosa de tus logros. Utiliza tu orgullo para avivar la llama de tu interior. Felicítate en voz alta, sabiendo que tus palabras tienen poder: «¡He encontrado mi fuego!».

13. Apaga la vela.

14. Cierra el círculo.

Actúa de acuerdo

Repítelo tantas veces como necesites.

Cuando estés preparada, lanza los hechizos para «Una pequeña acción» (véase más abajo), y recuerda, no te abrumes con todo al mismo tiempo. Todo lo que necesitas es una pequeña chispa, una pequeña cosa cada vez. Y cada cosa que hagas es un éxito que hay que celebrar.

HECHIZOS PARA VENCER LA INERCIA CON UNA PEQUEÑA ACCIÓN

Hay días en los que es difícil salir de la cama. Pueden ser los azules debilitantes o los rojos mezquinos. Este es un hechizo para llevar a cabo una pequeña acción, porque una pequeña acción puede hacer un mundo de diferencia. Puede mitigar la parálisis emocional, detener los bucles negativos y aliviar tu resistencia paso a paso. Y recuerda que no tienes que hacerlo por tu cuenta; consulta a un terapeuta, a un especialista en salud mental o a un médico para obtener la ayuda que necesitas.

Necesitarás

~ Una vela blanca.

~ Bolígrafo y papel.

~ Jabón de menta.

~ Ropa.

~ Zapatos.

~ El número de teléfono de un amigo.

Preparación

~ Dúchate con el jabón de menta (no te lo metas en los ojos).

~ Vístete.

Aquí tienes cuatro pequeños hechizos a elegir. Escoge el más fácil.

ᏦECHIZO DE UNA PEQUEÑA ACCIÓN

1. Enciende la vela blanca.

2. Respira un poco.

3. Lee el hechizo:

«Solo tengo una cosa que hacer hoy:
cuidar de mí misma con una pequeña acción».

4. Repítelo hasta que sientas un pequeño cambio en tu interior. También puedes repetir esto cuando estés haciendo tu pequeña acción.

5. Apaga la vela.

Actúa de acuerdo

Elige una pequeña acción y llévala a cabo.

La próxima semana, elige otra pequeña acción y llévala a cabo.

Hechizo de mirar alrededor

1. Sal al exterior. Da un paseo. Mira hacia arriba, mira a tu alrededor, mira la naturaleza.

2. Pídele a la Naturaleza que te muestre algo que te ayude a verte con más bondad, aceptación y esperanza.

Hechizo del recuerdo feliz

1. Cuando un mal recuerdo te resulte abrumador, acuérdate de uno feliz.

2. Visualízate en ese recuerdo feliz. Contrarresta lo negativo con una dosis de positivismo.

Hechizo talismán de alimentar al lobo bueno

Cuando el bucle de pensamientos aniquiladores sobre ti misma empiece a sonar, sustitúyelo por pensamientos positivos:

1. Escribe una lista de tus logros y cualidades positivas.

2. Léela, dóblala y guárdala en tu cartera o bolsillo. Has creado un talismán del lobo bueno del cambio positivo. Léela cuando el lobo malo empiece a aullar. Recuerda que al que alimentas es el que gana.

Hechizo de algo divertido

1. Llama a un amigo y haced juntos algo que os guste.

HECHIZO DE SERENIDAD

Todos experimentamos dolor, pena, tristeza o desánimo. Momentos en los que tenemos que enfrentarnos a cosas que no podemos cambiar. Sin embargo, cuando no tenemos ningún control sobre una mala situación, lo que sí podemos hacer es controlar cómo respondemos. Además, existen maneras de parar el bucle de pensamientos negativos cuando corre libre en nuestros cerebros. Lanza este hechizo para obtener serenidad, valor, sabiduría y, sí, alegría.

Necesitarás

~ Una vela blanca.
~ Aceite de sándalo.
~ Tu diario y un bolígrafo.

Lanza el hechizo

1. Fija tu intención de aceptar las cosas que no puedes cambiar y de cambiar las que sí puedes.

2. Ponte un poco del aceite de sándalo en la yema de un dedo y unge la vela hacia abajo, desde la mecha hasta la base (véase el diagrama de unción de velas en la pág. 131).

3. Ponte una gota en el tercer ojo y en el corazón.

4. Enciende la vela.

5. Respira profundamente varias veces para calmarte.

6. Recita la oración de la serenidad (véase a continuación) como hechizo, invocando al Poder Superior, a la Diosa, a Dios, al Espíritu, a la Fuente, al Creador, a la Madre Tierra o a la Divinidad en los términos que sean significativos para ti:

«[Espíritu], concédeme la serenidad para aceptar las cosas que no puedo cambiar, el valor para cambiar las que sí puedo, y la sabiduría para entender la diferencia, viviendo día a día, disfrutando momento a momento, aceptando este mundo tal y como es...».

7. Reflexiona sobre la aceptación de lo que no puedes cambiar y sobre el cambio de lo que sí puedes, piensa en lo que te da alegría, especialmente en los momentos difíciles, y escribe estos pensamientos en tu diario.

8. Cuando hayas terminado, agradece al Espíritu y cierra el círculo.

Actúa de acuerdo

Si crees que tus hechizos de autoconocimiento y serenidad necesitan un impulso adicional, acude a un terapeuta o a un médico. ¡Explicar que necesitas ayuda también es un hechizo!

HECHIZOS PARA EL AUTOCUIDADO Y LA SANACIÓN

En medio de un mundo demasiado ajetreado, es importante, pero a menudo difícil, cuidar de una misma. También puede ser desalentador enfrentarse a heridas, lesiones y dolencias, ya sean físicas o psicológicas; sin embargo, la capacidad de sanarse es innata. Aquí tienes algunos hechizos para el autocuidado y la sanación, ya sea para ti misma o, adaptados sencillamente, para alguien o algo que te importa.

Estos hechizos no se ofrecen como un consejo médico ni como un sustituto de la atención médica habitual, sino como un complemento mágico y alentador de otras terapias y atención médica.

HECHIZO DE LA TAZA DE TÉ PARA EL AUTOCUIDADO

Preparar una taza de té tiene más magia de la que crees, sobre todo cuando se trata del autocuidado y el bienestar. Haz este hechizo, relájate, reflexiona y regálate algo pequeño y sencillo que te haga feliz.

Necesitarás

~ Tus tés de autocuidado favoritos, como manzanilla, miel, jengibre, limón, menta, té verde, hoja de frambuesa o una mezcla mágica.
~ Una tetera o una olla.
~ Tu taza de té favorita o una taza y una cuchara.
~ Miel, si te gusta.

Lanza el hechizo

1. Elige el té.
2. Hierve el agua y viértela sobre las hojas de té.
3. Respira el aroma y disfruta de cada sorbo que tomes.
4. El hechizo está lanzado.

Actúa de acuerdo

Haz algo pequeño y bonito para ti todos los días: toma el té, escucha música que te haga estar tranquila y feliz, juega con un miembro peludo de la familia, da un paseo. Incluso con la magia, las pequeñas cosas marcan una gran diferencia.

HECHIZO DE LECTURA A UN ÁRBOL PARA DESESTRESARSE

Sentir estrés es la situación por defecto de la vida moderna: comprobar constantemente los «me gusta», la cantidad de seguidores y los mensajes; ir deprisa al trabajo; ver las noticias. Lanza este hechizo con un árbol compasivo y tu sensación de paz, calma y conexión volverá. Hazlo con regularidad, ya que tu corazón se abrirá y tu paz se hará más profunda. Al árbol también le gustará.

La naturaleza humana siempre es mejor en la naturaleza. Combina este hechizo con el «Hechizo de caminar hacia la magia de la naturaleza» (pág. 220) para obtener la máxima magia.

Necesitarás

~ El poema «La paz de las cosas salvajes» de Wendell Berry, un poema de Mary Oliver u otro poema que te guste, copiado a mano.

~ Una ofrenda de agua.

~ Tiempo.

~ Un árbol.

Lanza el hechizo

1. Utiliza el «Hechizo de caminar hacia la magia de la naturaleza» (pág. 220) para adentrarte lentamente en la paz del mundo natural.

2. Presta atención. Tus sentidos cobrarán vida a medida que te adentres en la naturaleza.

3. Visita un árbol con el que tengas relación o déjate llamar por uno.

4. Coloca las manos en su tronco. Siente que el tiempo se ralentiza, que tú misma te ralentizas.

5. Expresa tu gratitud.

6. Dile al árbol que te gustaría sentarte debajo de él, apoyarte en él, respirar con él, leerle.

7. Siéntate, cierra los ojos y respira.

8. Cuando te sientas tranquila y en calma, abre los ojos.

9. Léele el poema al árbol.

10. Siente su respuesta. Disfruta de la compañía del otro.

11. Cuando estés lista, agradece al árbol. Agradece a tu mente por venir a descansar, a tu cuerpo por sostener tu espíritu, a tu corazón por latir con amor. Agradece al poeta.

12. Vierte tu ofrenda de agua y dirígete lentamente a casa.

Actúa de acuerdo

Visita el árbol regularmente y léele nuevos poemas. Estás construyendo una relación que os nutre a ambos.

También puedes ponerte en el suelo con la espalda apoyada en el árbol y lanzar el «Hechizo de aliento de vida» (pág. 247).

HECHIZO PARA DORMIR BIEN

El sueño cura un montón de problemas: el cuerpo se cura, la mente descansa, el alma se adentra en los reinos del espíritu. Los problemas encuentran soluciones, se dan señales y una se despierta renovada y lista para todas las posibilidades de un nuevo día. Sin embargo, a veces puede ser difícil desconectar, dejar ir, apagar el cerebro. Utiliza este hechizo para dormir bien. El resto se ocupará de sí mismo, y de ti.

Necesitarás

~ Un baño caliente.

~ Una taza de sales de Epsom.

~ Media taza de lavanda.

~ Dos pañuelos o bolsas de muselina.

~ Una poción para dormir bien: mezcla cinco cucharaditas de miel pura con unos granos de sal.

~ Sábanas limpias.

~ Un dormitorio tranquilo y oscuro.

Preparación

~ Apaga todos tus aparatos electrónicos.

~ Crea la poción para dormir bien mezclando la miel y la sal.

~ Añade la mitad de la lavanda en cada pañuelo y anúdalos.

~ Haz la cama con sábanas limpias. Apaga el teléfono.

~ Prepara la bañera.

~ Incorpora las sales de Epsom. Añade uno de los manojos de lavanda.

Lanza el hechizo

1. Métete en la bañera lentamente.

2. Empápate.

3. Cuando estés relajada y lista para ir a la cama, sal y agradece al Agua y a la lavanda.

4. Mantén las luces tenues en el dormitorio. Coloca el segundo manojo de lavanda dentro de tu almohada.

5. Métete en la cama. Pon una pequeña cantidad de la poción para dormir bien en tu lengua. Agradece a las abejas.

6. Cierra los ojos, respira lentamente y di este pequeño hechizo para dormir:

«Dulces sueños, agradables sueños y buenas noches, esta noche duermo profundamente, y todo está bien».

7. Apaga las luces y ¡buenas noches!

Actúa de acuerdo

Puedes soñar con abejas, antiguas mensajeras de entre los mundos, aliadas de los espíritus, guías del jardín mágico que crece dentro de ti y en los mundos que te rodean. Un camino danzante de magia te espera…

HECHIZO PARA BENDECIR TU CUERPO

Eres parte del mundo natural y, como la Naturaleza, tu cuerpo está lleno de sabiduría, belleza y magia. Independientemente de tu identidad de género o de la forma de tu cuerpo, tu cuerpo es vida, con sus dones de placer y alegría y sus instintos. Te avisa de lo que necesita, de lo que *tú* necesitas. Tú, tu cuerpo y tu espíritu son uno. Lanza este hechizo para bendecir y honrar a tu cuerpo por su sagrada sabiduría, regalos y bendiciones.

Necesitarás

~ Un espejo.
~ Un cuenco de agua caliente.
~ Tres cucharadas de sal marina.

Preparación

~ Remueve la sal en el agua hasta que se haya disuelto.

Lanza el hechizo

1. Fija tu intención de honrar a tu cuerpo.
2. Quítate la ropa y ponte delante del espejo. No inspecciones, no juzgues, no critiques. Agradece que tienes un cuerpo que se esfuerza por ti en muchos aspectos.
3. Hazte con tu agua salada, de la que surgió la vida por primera vez, y bendícete: mójate la punta de un dedo y tócate los pies, la ingle, el vientre, el corazón, la garganta y el tercer ojo.
4. Expresa tu gratitud a tu cuerpo. Podrías decir:

«Gracias, mi increíble cuerpo,
por todos los regalos que me das cada día.
Prometo escucharte, cuidarte mejor,
hacer lo que te da alegría.

Juntos, nos haremos más fuertes,
más sanos y más felices cada día.
¡Que así sea!».

5. Sonríe y date un abrazo.
6. El hechizo está lanzado.

Actúa de acuerdo

Vístete y haz algo agradable y saludable para tu cuerpo.

Crea una rutina de ejercicio factible y adecuada, que puede ser tan sencilla como caminar con regularidad (véase también el «Hechizo de caminar hacia la magia de la naturaleza» en la pág. 220).

Felicítate y agradece a tu cuerpo por sus bendiciones.

HECHIZO DE SANACIÓN

Es imposible vivir sin lesiones. Deja que la Madre Tierra te enseñe lo que el Espíritu sabe: el poder de curarse es natural y sagrado. Cada herida puede ser curada, y cada curación te empodera, te hace más sabia, más amable y más fuerte. Lanza el hechizo y cúrate a ti misma. Es entonces cuando podrás sanar a los demás.

Necesitarás

~ Una cucharada de milenrama.
~ Una cucharada de reina de los prados.

~ Una cucharada de manzanilla.

~ Un cuadrado de trece centímetros de tela de algodón azul o blanca, o un pañuelo blanco.

~ Una cinta azul.

Lanza el hechizo

1. Fija tu intención de comenzar a sanar, independientemente de si la herida está en el cuerpo, en la mente, en el corazón o en el alma, con el fin de cuidarte con amor y compasión de la manera que necesites para conseguirlo.

2. Pide a las plantas (hierbas) que te bendigan con sus poderes curativos y dales las gracias por ayudarte.

3. Ahueca la tela y rellénala con las hierbas. Átala cuidadosamente con tres nudos con la cinta azul.

4. Mientras trabajas, canta el hechizo de sanación:

«Sentir, sentir, sentir.
Es amor, amor, amor, que es la curación,
la curación, la curación.
Todas las penas pasadas son la fuerza de mis mañanas».

5. Ánclate y envía las energías curativas de la Madre Tierra a tu poción curativa y a lo que necesite ser sanado.

6. Acércate la poción al corazón y a cualquier parte de ti que necesite sanación. Respira, relájate y siente el calor, la energía y el poder curativo de las plantas entrando y trabajando contigo. Agradéceles por bendecirte con bienestar.

7. Declara: «¡El hechizo de curación está lanzado! Mi curación ha comenzado».

Actúa de acuerdo

Sé paciente y amable contigo misma. Dale tiempo al hechizo para que funcione. Atiéndete con ternura y ánimo.

Repítelo, o simplemente canta, según sea necesario. Acude a un buen médico si lo necesitas.

Cuando te sientas preparada, devuelve las hierbas con agradecimiento a la Madre Tierra.

HECHIZO RÁPIDO DE SANACIÓN PARA TI O PARA OTROS

Utiliza este sencillo hechizo cuando sientas la necesidad de sanar o desees ofrecer energía curativa a alguien o a algo.

Necesitarás

~ Una vela blanca o azul.
~ Un cuchillo pequeño.
~ Cerillas.

Lanza el hechizo

1. Graba tu/su nombre y la palabra «saludable» en la vela.
2. Enciende la vela.
3. Coloca las manos sobre tu corazón y canta el hechizo de sanación:

«Sentir, sentir, sentir.
Es amor, amor, amor,
que es la curación, la curación, la curación».

4. Mientras cantas, visualiza una burbuja radiante de energía curativa alrededor tuyo/de la persona que puedas/pueda absorber cuando lo necesites/necesite.
5. Visualízate y siéntete sana. Visualízalos sanos.
6. Respira, descansa y pon la vela en un lugar seguro para que se consuma.

Actúa de acuerdo

Siempre es bueno, si es posible, preguntar a la persona en cuestión si quiere que le hagas un hechizo de curación. Hazles saber que les estás enviando una fuente de amor y energía curativa para que saquen de ella lo que deseen o necesiten.

HECHIZO RÁPIDO CON UNA PLANTA MEDICINAL

Las plantas respiran con nosotros, nos alimentan, nos enseñan y nos curan. Sus vidas están entrelazadas con las nuestras. Siembra una planta medicinal y te enseñará sobre sí misma, sobre ti misma, sobre cómo vive el Espíritu en el mundo y cómo debes vivir tú él. Si escuchas, te dará una canción medicinal. Haz este hechizo de cultivo y te bendecirá.

Se trata de un hechizo rápido que no requiere más de cinco minutos, pero que debe realizarse con regularidad, varias veces a la semana.

Necesitarás

~ Una planta medicinal como la manzanilla, la equinácea o la milenrama.

~ Una pala de mano.

~ Agua.

~ Cinco minutos.

Lanza el hechizo

1. Planta una hierba medicinal en tu jardín. Acógela con alegría.

2. Cuídala con amor.

3. Coséchala con gratitud.

4. Sécala al sol.

5. Haz una poción curativa con ella.

6. Escucha la canción que te enseñará mientras trabajas con ella.

7. Cuando hayas terminado de sanar, devuelve tu planta ayudante a la Madre Tierra con agradecimiento.

Actúa de acuerdo

Cuida de tu planta medicinal, agradeciendo su ayuda, y cuida de ti misma.

ᴑHECHIZO PARA CURAR UN CORAZÓN ROTO

El Agua es el elemento de nuestros sentimientos. Sumérgete en lo más profundo de cualquier turbación o problema y encontrarás paz, belleza y amor. Lanza este hechizo de Agua y siente el amor que cura todas las heridas.

Necesitarás

~ Una vela blanca.
~ Nueve gotas de aceite esencial de rosa.
~ Algunas rosas blancas.
~ Una bañera.

Lanza el hechizo

1. Traza un círculo para mantener dentro las energías curativas.
2. Fija tu intención de darte el amor y el apoyo que necesitas para sanar.
3. Llena la bañera con agua caliente, las gotas de aceite de rosa y los pétalos de rosa blanca.
4. Pídele al Agua que te ayude a sanar. Pídele que disuelva tu tristeza y sane tu corazón roto. Pídele que se lleve tus penas y te llene de paz.
5. Enciende la vela.
6. Entra y sumérgete. Siente el poder curativo y compasivo del Agua rodeándote y abrazándote.
7. Llora si lo necesitas. Siente que el Agua acepta tus lágrimas. El agua salada es curativa.

8. Siente cómo tus penas se disuelven en el Agua.

9. Concéntrate en la belleza, la suavidad y la magia de los pétalos de rosa blanca que flotan en el agua, en la misma Agua.

10. Ofrece tu amor a las rosas y al Agua. Siente el amor que estás poniendo en el Agua, el amor que fluye a tu alrededor y dentro de ti.

11. Siente el amor que te das a ti misma.

12. Siente cómo se cura tu corazón.

13. Cuando estés lista, sal de la bañera. Agradece al Agua y sal de la bañera. Recoge los pétalos y ponlos en un cuenco.

14. Apaga la vela. Cierra el círculo.

Actúa de acuerdo

Descansa bien por la noche. Por la mañana, esparce los pétalos fuera.

Sigue cuidándote con suavidad, paciencia y cariño. La curación lleva su tiempo.

HECHIZO PARA LA SALUD Y EL BIENESTAR DE UN ANIMAL DE COMPAÑÍA

Tenemos la increíble suerte de que los gatos y los perros, los pájaros y los caballos, y otras innumerables criaturas increíbles se hayan adaptado a vivir con nosotros y sean tan generosos con el amor, la lealtad y las lecciones que nos ofrecen. Cuando se trata de su bienestar, presta atención a tu intuición, porque a través de ella te están comunicando lo que necesitan. Realiza este hechizo para expresar tu amor y devoción y para ofrecer a un querido compañero animal energía y curación, apoyo y amor cuando esté enfermo o herido. Consulta a un veterinario para la ayuda médica que tu querido compañero pueda necesitar.

Necesitarás

~ Una vela azul.

~ Cerillas.

~ Un cuchillo pequeño.

Lanza el hechizo

1. Invita a tu querido compañero a estar contigo.
2. Enciende la vela e invoca a la Dama de las cosas salvajes y al Señor de los animales:

«Diosa con tu toque sanador, Dios del reino de los animales salvajes, bendice a [nombre de tu mascota] al que tanto amo; cura la enfermedad de [nombre], sana su dolor y que se quede en el pasado».

3. Respira. Ánclate y atrae las energías curativas de la Madre Tierra hacia tu corazón.
4. Canta en silencio:

«Madre Tierra, que amas y curas a todos, por la buena salud de [nombre] a ti te llamo. Dios de las criaturas grandes y pequeñas, por el bienestar de [nombre] a ti te llamo».

5. Coloca las manos sobre tu mascota y visualiza una corriente lenta y suave de amor y de energías curativas fluyendo hacia el lugar que necesita curación. Si se retuercen, se levantan o se alejan, simplemente pide a la Madre Tierra y al Dios de los animales que los bendiga, los cure y los proteja.

6. Dales cariño y tranquilidad.

7. Cuando estés lista, agradece a la Diosa, al Dios y a la Madre Tierra.

8. Apaga la vela.

9. El hechizo de curación está lanzado.

Actúa de acuerdo

Confía en tu intuición. Y haz que un veterinario de confianza lo diagnostique y te asesore sobre el tratamiento y los cuidados de tu querido compañero.

HECHIZOS CON LA MAGIA

DE LA NATURALEZA

La naturaleza encarna el Espíritu y por eso está llena de magia. Quizá su mayor magia sea que todos los seres vivos, al cuidarse para estar sanos y felices, están haciendo del mundo un lugar mejor para toda vida. Presta atención a la magia de la naturaleza y descubrirás tu propia magia para vivir bien y en el asombro.

Hechizo de caminar hacia la magia de la naturaleza

Este sencillo hechizo de caminar tiene muchas bendiciones: es muy bueno para tu estado de ánimo y tu salud mental, disminuirá tu estrés y tu presión arterial, reducirá tu ansiedad y te ayudará a estar más presente, atenta y concentrada. Te hará entrar en tu propio cuerpo y te conectará con el cuerpo del mundo natural y su magia divina. Camina hacia la magia de la naturaleza y experimenta que nunca estás sola.

Necesitarás

~ Un par de zapatos cómodos para caminar.
~ Un lugar tranquilo y natural en el que puedas pasear.
~ Al menos veinte minutos.
~ Una pequeña ofrenda de agua, alpiste o una pieza de fruta.

Lanza el hechizo

1. Fija tu intención de reunir tu conciencia para estar presente de una manera suave, gentil y relajada.
2. Camina a un ritmo natural. Observa que tus pies tocan el suelo. Observa el suelo bajo tus pies. Observa los movimientos de tu cuerpo a cada paso.
3. Camina más despacio. Disfruta de la belleza que te rodea. Respira. Siente que te relajas.
4. ¿Qué oyes? Presta atención a los sonidos del mundo natural: el viento que sopla, el susurro de las hojas, el canto de los pájaros. ¿Qué sientes?

5. ¿A qué huele? ¿A la Madre Tierra? ¿Agujas de pino, matorrales de salvia, rosas silvestres?

6. ¿Cómo te sientes?

7. ¿Hay un camino? ¿Fue hecho por humanos o por animales? ¿Cómo se siente la Madre Tierra bajo tus pies? ¿Cómo te sientes estando sostenida por ella desde abajo?

8. ¿Qué ves? ¿Cómo es la luz? ¿El cielo? ¿El terreno?

9. ¿Quién está contigo? ¿Quién te vigila?

10. Permanece abierta a todo lo que te rodea. No hay nada que hacer, nada que arreglar, nada que cambiar. Estate presente en tu cuerpo, en la naturaleza, consciente y caminando.

11. Quédate quieta. ¿Qué sientes?

12. Sigue adelante. ¿Qué sientes?

13. Cuando llegues a un lugar acogedor, siéntate. Reconoce cualquier sensación de presencia que puedas estar experimentando.

14. Reconoce la magia que se te está mostrando: todo se está cuidando por sí mismo y, al mismo tiempo, hace que el mundo en el que caminas sea mejor para ti y para toda vida. Sé testigo de la belleza.

15. Cuando estés lista, expresa tu gratitud y deja tu ofrenda.

16. Vuelve a casa despacio, consciente de tu entorno, consciente de que caminas.

17. Cuando estés lista para terminar el hechizo de caminar, quédate quieta. Termina el hechizo agradeciendo a la Madre Tierra por haberte sostenido mientras caminabas.

Actúa de acuerdo

Permite que el hechizo haga su trabajo. Deja pasar veinticuatro horas antes de escribir sobre él o comentarlo con alguien.

En el futuro, es posible que quieras añadir al hechizo de caminar un objeto de poder natural (véase el siguiente hechizo), la respuesta a una pregunta o una señal.

HECHIZO DE UN OBJETO NATURAL DE PODER

Los objetos naturales son conductores de la divinidad. Están vivos con espíritu, poder y sabiduría. Lanza este hechizo y descubre los dones y la magia que te esperan en el mundo natural.

Necesitarás

~ Tu diario y un bolígrafo.
~ Un paseo por la naturaleza.

Lanza el hechizo

1. Sal al exterior, da un paseo por la naturaleza.
2. Déjate llevar por un objeto natural que te llame o te atraiga. También puedes elegir un objeto natural que ya hayas recogido. Puede que tu casa ya esté llena de signos de brujería: cuencos de piedras o caparazones, tarros de plumas o semillas. Puedes elegir uno que represente un elemento con el que quieras trabajar.

3. Sea cual sea el objeto, acércate a él lentamente y con respeto. Sujétalo, siente su peso y su textura. Míralo de cerca, estudia su estructura, observa su color, sus matices. Considera su función en el lugar donde reside.

4. Pídele que te enseñe. Escucha lo que te enseña sobre sí mismo, sobre su mundo, su papel y la sabiduría que encarna.

5. ¿Qué tiene que enseñarte sobre ti misma? ¿Qué bendición te ofrece?

6. Pregunta al objeto si tiene un nombre o un título. Si no es así, puedes ofrecerle uno. Por ejemplo, algunos títulos para una piña podrían ser: «Semilla de esperanza y vida renacida», «Hija de la Madre Tierra», «Árbol soñador» o «Belleza en desarrollo».

7. Escribe el conocimiento y las bendiciones que se te han revelado.

8. Pregúntale al objeto si está dispuesto a volver a casa para trabajar contigo como objeto de poder, y si está de acuerdo, dale las gracias y déjale algo a cambio.

9. Ahora tienes un aliado, un objeto de poder del que aprender magia y con el que hacer magia.

Actúa de acuerdo

Mantén el objeto de poder en un lugar de honor y trabaja con él regularmente para profundizar vuestra relación.

De vez en cuando, llévalo al lugar donde os encontrasteis, para que se recargue.

Hechizo para conocer al Espíritu de la Tierra

Vivas donde vivas, rodeada de bosques o de campos, de extensiones suburbanas o de rascacielos, los espíritus de la tierra viven contigo. Puede ser difícil ver lo que está delante de ti, pero el Espíritu de la tierra, el *genius loci*, te ve. Lanza este hechizo para recordar dónde estás y lo que necesitas saber, lo que la tierra necesita que sepas. Hay trabajo que hacer y maravillas que experimentar.

Necesitarás

~ Salir al exterior, donde puedas quitarte los zapatos.
~ Una ofrenda.

Lanza el hechizo

1. Sal al exterior con tu ofrenda, y camina lentamente por un jardín, campo, bosque o parque.
2. Quítate los zapatos. Siente la tierra bajo tus pies.
3. Mira con atención a tu alrededor. Estás entrando en el espacio liminal, un lugar donde los mundos del Espíritu y de la Tierra se encuentran.
4. Siéntate. Cierra los ojos y ánclate. Siente las energías que fluyen a través de ti, a tu alrededor. Siente cómo tu conciencia se abre al espacio que te rodea.
5. Pide al Espíritu de la tierra, del lugar, que te visite. Permítete ver, con los ojos cerrados o abiertos.
6. El Espíritu puede aparecer como un animal o una planta, un ser mítico o una persona.

7. Pregunta lo que necesitas y acepta hacer lo que te pide.
8. Agradécele la visita y deja tu ofrenda.
9. El hechizo está lanzado.

Actúa de acuerdo

Honra la relación que has iniciado con el espíritu del lugar. Haz lo que te ha pedido y sigue visitándolo y sanando mientras os cuidáis mutuamente.

Hechizo de las abejas

La abeja melífera es un ser mágico, las colmenas son esa misma magia magnificada. Viajando entre los mundos, las abejas nos bendicen con la dulzura, la curación y los poderes mágicos de la miel que fabrican, con su danza en forma de ocho y con los panales hexagonales que crean. Son guías del jardín divino que llevamos dentro. Lanza este hechizo de las abejas y disfruta de la dulzura que ofrece su magia.

Para un resultado óptimo, hazlo en el exterior y durante la primavera, ya que es la estación del regreso de las abejas. Sin embargo, puedes hacerlo en cualquier momento que necesites la dulzura de la vida.

Necesitarás

~ Un tarro de miel pura.
~ Una cuchara.
~ Un plato, si estás en el interior.

Lanza el hechizo

1. Purifícate y purifica tu espacio, si estás en el interior.

2. Coloca la miel, la cuchara (y el plato) delante de ti.

3. Siente en el centro de tu ser, en tu corazón, tu deseo de dulzura, de amor, de curación, de magia.

4. Llama a las abejas, llama a las antiguas sacerdotisas de la abeja, las Melissae, llama a la diosa de las abejas.

5. Haz el sonido del zumbido de las abejas.

6. Camina en forma de ocho, con su punto de intersección en la miel.

7. Extiende los brazos como si estuvieras volando mientras realizas la danza de las abejas.

8. Si estás en el exterior, presta atención por si recibes una visita por parte de ellas.

9. Cuando tu energía haya alcanzado su cenit, déjate caer frente a la miel.

10. Vierte, en el suelo o en el plato, un poco de la miel en forma de hexagrama.

11. Prueba la miel. Prueba la dulzura curativa de la vida. Saborea el amor que te ofrece la vida. Saborea la magia y la bendición de las abejas.

12. Agradece a las abejas, a los que las cuidan, a las flores y a la Madre Tierra.

13. El hechizo está lanzado.

Actúa de acuerdo

Lleva o deja el plato fuera como ofrenda a la Madre Naturaleza.

Presta atención a la presencia de las abejas en tus sueños y en tu jardín.

Piensa en cómo aportar más dulzura a tu vida.

Dale las gracias a las abejas cuya vida está en peligro y sin las cuales no puedes vivir.

HECHIZO DEL LATIDO SANADOR DE LA MADRE TIERRA

La Madre Tierra está sufriendo y sus hijos están muriendo porque nos hemos olvidado de ser agradecidos. Tomamos sin dar nada a cambio. También hemos olvidado su sabiduría y su magia sagrada. Haz este hechizo para la Madre Tierra y empezarás a recordar quién eres: uno de sus amados hijos; dónde estás: con tu madre y sus otros hijos; y por qué estás aquí: para ser el cambio sanador que deseas ver en el mundo.

Necesitarás

~ Parte de una planta medicinal seca como milenrama, equinácea o manzanilla.

Lanza el hechizo

1. Dirígete con la planta medicinal y la miel a un lugar donde haya paz natural y que te atraiga. Siéntate en la Madre Tierra. Siéntela debajo de ti, sosteniéndote.

2. Coloca tu mano izquierda sobre el pecho de la Madre Tierra. Siente las texturas del suelo, de la hierba,

del musgo. Siente su calor, su fuerza, su estabilidad. Agradece a la Madre Tierra por sus innumerables bendiciones, por cómo nutre y sostiene tu cuerpo y alma.

3. Respira. Ánclate. Siente cómo la energía de la Madre Tierra te llena y te nutre.

4. Coloca tu mano derecha sobre tu corazón. Con la mano izquierda, la mano del corazón, golpea suavemente al ritmo de los latidos: *pum-pum* pausa, *pum-pum* pausa… Siente cómo el ritmo de tu corazón se sincroniza con el de la Madre Tierra.

5. Siente tu amor y tu energía fluyendo hacia ella. Envíale energía para ayudarla a sanar y renovarse. Tómate tu tiempo. Siente el poder curativo de vuestra conexión mutua.

6. Pregúntale qué necesita de ti. Escucha atentamente su respuesta. Ella te lo dirá o te lo mostrará.

7. Dile que harás lo que te ha pedido. Prométeselo y tómatelo en serio.

8. Dale las gracias por todo lo que te da.

9. Déjale la planta medicinal.

10. El hechizo está lanzado.

Actúa de acuerdo

Mantén tu promesa y haz lo que la Madre Tierra te ha pedido.

Presta atención a cómo tratas a la Madre Tierra cada día. Recuerda no tomar más de lo que necesitas y que no se te pase devolverle con agradecimiento todo lo que te da.

TALISMÁN DE HERNE PARA LA SABIDURÍA SALVAJE (UN HECHIZO DE DIOS)

Hay magia salvaje dentro de ti, un instinto profundo. Independientemente de tu género, es el poder indómito del ciervo. Tu vitalidad y sexualidad, tu impulso de triunfar y ganar. Son impulsos poderosos que necesitas para estar plenamente viva. Honra tu parte animal y experimentarás la divinidad de tu cuerpo. A continuación, te muestro un hechizo talismán con el fin de convocar el poder de Herne el Cazador, dios de los bosques, para ayudarte a cazar y a vivir la vida para la que estás destinada.

Para un resultado óptimo debe hacerse en el bosque, alrededor del atardecer, cuando los ciervos salen a alimentarse en otoño. Sin embargo, puedes hacerlo siempre que lo necesites.

Necesitarás

~ Una cucharada de agujas de cedro (o tres gotas de aceite de cedro).

~ Una cucharada de lengua cervina.

~ Una cucharada de piñones.

~ Una cucharada de ruda.

~ Cinco gotas de aceite esencial de Juan el Conquistador.

~ Mortero y maja.

~ Un cuadrado de diez centímetros de tela color marrón.

~ Cordón o cinta verde o marrón de unos quince centímetros de longitud.

~ Una botella de agua.

~ Una ofrenda de maíz.

Lanza el hechizo

1. Sé clara con tu intención de despertar y respetar la sabiduría salvaje e instintiva y la fuerza de tu cuerpo.

2. Da las gracias a las plantas por haber colaborado contigo. Tritúralas juntas, añadiendo las gotas de aceite de Juan el Conquistador.

3. Envuélvelas con la tela.

4. Ata bien el paquete con el cordón. El talismán está listo para ser cargado.

5. Inhala profundamente. Siente cómo se despierta en ti un poder animal sagrado.

6. Dirígete al bosque con el talismán de Herne, el agua y tu ofrenda.

7. Camina despacio y presta atención. Busca rastros de ciervos y pequeños árboles con sus marcas (la corteza raspada por las astas). Si encuentras uno, siéntate allí. Agradece al ciervo que te haya llamado.

8. Presiona el talismán contra la tierra. Ánclate. Sujétalo contra tu corazón, empieza a cargarlo y a cargarte a ti misma.

9. Llama a Herne:

«Dios del bosque salvaje, Herne el Cazador,
carga y bendice este talismán con
tu poder salvaje y sagrado.
Cárgalo, fortalécelo y dale poder».

10. Canta y, si quieres, eleva tu energía salvaje bailando:

«Pezuña y cuerno, pezuña y cuerno,
¡todo lo que muera renacerá!».

11. Dirige tu energía hacia el talismán de Herne. Cuando sientas el pico de energía, agradece a Herne, agradece a la Madre Tierra, agradece a los ciervos. Entierra cualquier exceso de energía en la Madre Tierra.

12. Bebe un poco de agua y ofrécele un poco de esta a la Madre Tierra.

13. Siéntate, escucha, presta atención.

14. Cuando estés lista, deja tu ofrenda de maíz.

15. El hechizo está lanzado.

16. Siente el cambio en tu cuerpo, en tu energía, en tu espíritu, mientras regresas por el bosque. Siente la agudización de tus sentidos, el placer, el poder, la magia.

Actúa de acuerdo

Prepárate para cambiar mientras Herne te guía en la búsqueda salvaje de tu espíritu encarnado.

Lleva el talismán contigo hasta que sientas que el cambio se ha asentado en tus huesos, entonces devuelve las hierbas al lugar donde hiciste el hechizo, con agradecimiento a Herne, a los ciervos y a la Madre Tierra.

HECHIZO DE LA NUTRIA PARA LA ALEGRÍA Y LA ARMONÍA

En tiempos difíciles puede ser complicado sentir alegría. Y, sin embargo, es la misma alegría la que puede transformar lo que perturba al mundo. Lo que pones en las aguas de la vida va a todas las partes de la Creación, y será lo que extraigas de estas. Comienza con pequeños actos de amor propio, bondad, compasión y paciencia. Lanza este hechizo para incitar a la nutria a que te enseñe a jugar y a llenar las aguas de tu vida y la vida del mundo con alegría y amor.

Necesitarás

~ Una masa de agua suficientemente grande para nadar o una bañera llena de burbujas.

Lanza el hechizo

1. Ve al mar, a un lago o a una piscina, o prepara un baño y llénalo de burbujas.
2. Llama a la nutria. Sabrás cuando llega, ya que estarás sonriendo.
3. Métete en el agua.
4. Flota, bucea, nada, gira, salpica, siente cómo flotas, el frescor del agua dulce, las cosquillas de las burbujas por la nariz y entre los dedos de los pies.
5. Juega con la nutria buceando, girando, agarrando su pata y flotando sobre su espalda hasta que le entre hambre y se vaya nadando en busca de ostras.

6. Es hora de salir.

7. El hechizo está lanzado.

Actúa de acuerdo

Haz algo divertido con un amigo.

Sé amable, especialmente con alguien cuyo comportamiento te molesta.

Siente tu alegría cuando los demás te responden. Estás haciendo que el mundo sea más alegre con tu magia.

HECHIZOS PARA LA PAZ

PROFUNDA

Aunque el caos y el conflicto a menudo parecen el resultado de las civilizaciones y de las relaciones humanas, hay fuentes constantes y sagradas de paz a las que recurrir. A continuación, te muestro hechizos que proporcionan calma, bálsamo y paz para ti, para los que amas y conoces, y para los que no.
Lanza estos hechizos y recibe el obsequio de la paz, obsequio que das al mundo.

HECHIZO PARA LA PAZ INTERIOR Y LA PAZ EN EL MUNDO

El camino del corazón es el camino de la paz, en tu interior y en el mundo. Sin embargo, es fácil que tu corazón se ofusque cuando ves la violencia y las dificultades que la humanidad se provoca a sí misma y a la Madre Tierra. Elige el camino hacia el mundo natural y deja que la Madre Tierra y sus otros hijos te den paz. Lanza este hechizo para encontrar la paz en tu interior y a tu alrededor.

Necesitarás

~ Naturaleza.

Lanza el hechizo

1. Pasea por un lugar bonito y natural.
2. Encuentra un lugar tranquilo, pacífico y acogedor.
3. Céntrate, siéntate, respira y ánclate.
4. Siente cómo reconectas con la Creación. Siente cómo el flujo de la vida se mueve a través de ti y vuelve al mundo.
5. Observa la belleza, la paz y la vida a tu alrededor. El mundo está lleno de magia divina. Te rodea, te sostiene, forma parte de ti.
6. Pide a la Madre Tierra que te apoye en tu intento de crear paz en tu interior y en el mundo.
7. Lee en voz alta esta adaptación de una antigua bendición escocesa:

«Profunda paz que respiro en el mundo.
Profunda paz del cielo azul y del aire suave hacia el
mundo, profunda paz del sol brillante y de las
estrellas hacia el mundo, profunda paz de la lluvia
suave y de ríos que fluyen hacia el mundo, profunda
paz de las piedras dormidas y de la verde tierra
hacia el mundo, profunda paz en mi corazón,
profunda paz en el mundo.
Paz profunda, paz profunda, paz profunda.
Que así sea».

8. Descansa en la paz de tu corazón.
9. Agradece a la Madre Tierra por la paz que ha compartido contigo. Vuelve a casa caminando lentamente.
10. El hechizo está lanzado.

Actúa de acuerdo

Lleva tu paz al mundo.

HECHIZO DE SIGILO PARA RESOLVER CONFLICTOS Y ENCONTRAR UN TERRENO COMÚN

Vivimos en una época de peligrosas y explotadas divisiones: políticas, raciales, étnicas, religiosas, culturales, económicas. Pero tú puedes marcar la diferencia. Lanza este hechizo creando un símbolo mágico, un sigilo llamado mandorla, «almendra» en italiano. Es un antiguo símbolo de la Diosa

Madre, un espacio sagrado y un lugar de paz donde los opuestos se encuentran para resolver conflictos, superar divisiones y crear un terreno común. Puedes utilizarla para crear reconciliación y armonía entre tú y los demás, o para ofrecer energía que ayude a resolver conflictos globales.

El 21 de septiembre, el equinoccio de otoño (o de primavera), es el día oficial de la paz, pero puedes hacer este hechizo en cualquier momento que sea necesario.

Necesitarás

~ Una brújula.
~ Un lápiz azul.
~ Un pedazo de papel.
~ Una vela azul.

Lanza el hechizo

1. Traza un círculo, si quieres, y pide la ayuda y las bendiciones de los elementos, el Sol, la Luna y las estrellas de arriba, la Madre Tierra de abajo y el Espíritu presente en el mundo y en tu corazón.
2. Ánclate y atrae la energía de la Madre Tierra hacia tu corazón.
3. Enciende la vela.
4. Expón tu intención:

«Estoy aquí para encontrar un terreno común.
Estoy aquí para crear un terreno común,
un lugar de paz donde los opuestos se encuentran.
Estoy aquí para hacer la paz en un terreno común».

5. Crea una mandorla para unir lo que se ha desgarrado:

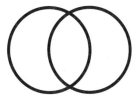

- Coloca la punta del compás en el papel y dibuja un círculo.
- Marca el centro del círculo con un punto.
- Pon la punta del compás en el exterior o circunferencia del círculo y estira el compás para que el lápiz llegue al centro del círculo.
- Dibuja otro círculo.
- El óvalo creado por la superposición de los dos círculos es la mandorla, el signo de la Diosa.

6. Dentro de la mandorla, escribe algunas palabras que expresen tu intención, por ejemplo:

«Que juntos encontremos un terreno común, la paz, la comprensión, el fin de los conflictos y el respeto a nuestras diferencias (y cualquier otra cosa que exprese la sanación de las divisiones para ti)».

7. Donde los círculos se superponen, has creado la unidad. Has creado seguridad y conexión en nuestro mundo fracturado. Has creado un espacio sagrado, un lugar de paz, donde los opuestos se unen.

8. Coloca las manos en la mandorla. Siente las energías de la paciencia y la paz, la conexión y el terreno común, la empatía y el optimismo que fluyen a través de ti.

9. Cuando estés lista, fija el hechizo con estas palabras:

«Y así es, y así será, uno por uno, empezando por mí».

10. Apaga la vela.
11. El hechizo está lanzado.

Actúa de acuerdo

Mantén la mandorla donde puedas verla y aprovechar su poder.

Encarna lo que buscas y el hechizo funcionará en el mundo a través de ti. Empieza cerca de casa con un amigo, un familiar, un vecino cuyas opiniones no compartas.

La próxima vez que te encuentres con alguien con quien no estés de acuerdo, escucha sin discutir, busca puntos en común en los que podáis estar de acuerdo y respeta vuestras diferencias.

HECHIZO DE COMPARTIR EL PAN PARA SANAR LAS DIVISIONES

No podemos vivir felices ni bien si tratamos a los extraños, a los vecinos, incluso a los miembros de nuestra familia como enemigos o si somos tratados como sus enemigos. ¿Cómo podemos sanar la división? La comida puede unirnos, no hay lugar para los enemigos en la cocina. Cuando compartes una comida con alguien, te centras en la persona, no en su política o su religión, su raza o su género. Algunas personas pasan de ser extraños o «enemigos» a amigos, y el mundo empieza a cambiar. Lanza este hechizo de brujería en la cocina para sanar las divisiones compartiendo el pan.

Necesitarás

~ Elegir algo que te guste cocinar.
~ Personas con las que compartir el pan.

Preparación

~ Reúne los ingredientes.

Lanza el hechizo

1. Fija tu intención de reunir a la gente con una buena comida.
2. Invita a los que quieres y a los que no, a los que conoces y a los que ya no, a los viejos amigos y a los nuevos, al vecino que es diferente a ti, sea lo que sea que signifique «diferente». Invítalos a compartir el pan contigo.
3. Diles que lleguen a una hora en la que estés cocinando.
4. Pídeles que traigan la ensalada, el postre, el vino y el pan.
5. Reúnelos en la cocina mientras trabajas.
6. Pídeles que remuevan el contenido de la olla, que corten la lechuga y los tomates, que sirvan el postre en su mejor plato, que descorchen el vino, que retiren las copas, que ayuden a poner la mesa.
7. Cuando todo esté listo, llama a todos a la mesa.
8. Agradéceles que compartan el pan contigo.

9. Parte el pan y repártelo.
10. Pasa la comida.
11. Comed juntos.
12. Haz que tus invitados te ayuden a limpiar.
13. El hechizo está lanzado y el mundo es un lugar mejor gracias a ello.

HECHIZO DE ACTOS ALEATORIOS DE BONDAD

Un pequeño y sencillo acto de bondad, aleatorio o recíproco, es un hechizo. La bondad beneficia a quien la recibe y a quien la da y hace del mundo un lugar mejor para todos. Este es un hechizo para crear relaciones afectuosas no solo con los humanos, sino con todos los seres, con la Madre Tierra y con los espíritus que velan por nosotros.

Sé amable contigo, sobre todo si eres alguien que siempre da prioridad a los demás, descuida su propio cuidado y se resiste. Tú también necesitas amabilidad. Lanza el hechizo de la bondad y siente cómo cambias. Percibe que el mundo cambia. Se vuelve más amable.

Necesitarás

~ Ser amable.

Lanza el hechizo

1. Elige uno o varios de los siguientes actos de bondad y cúmplelos:

- Vincúlate con un ser vivo de tu vecindario que pueda estar solo o necesitado. Puede ser un pájaro, un gato callejero, un vecino, una planta o tú misma. Ofrece un pequeño acto de bondad, apoyo y compasión.
- Visita una zona que esté descuidada, herida o necesitada. Vincúlate con el espíritu del lugar dañado y pregúntale qué necesita. Escucha la respuesta, busca una señal. Haz lo que se te pide.
- Ve a ver a un amigo, a un anciano o a alguien que lo necesite, incluso a ti misma. Ofrece tu ayuda, dona tu tiempo, escríbele una nota.
- Comparte algo con alguien, incluso contigo misma. Dedícale tiempo, atención, algo que hayas cocinado u horneado, una nota, un libro favorito, un pequeño regalo.

2. Elige una causa que te interese, encuentra un grupo de personas con ideas afines que quieran marcar la diferencia y hazte voluntaria.

3. El hechizo de hacer del mundo un lugar más amable está lanzado.

Actúa de acuerdo

Sé amable contigo, con todo lo que encuentres, con la Madre Tierra.

HECHIZOS PARA LA MARAVILLA

El misterio se esconde a plena vista. Lanza estos hechizos y quítate la venda de los ojos. Observa la magia de la Creación, la encarnación del Espíritu a tu alrededor y dentro de ti. Siente la maravilla mientras fluye a través de ti, reencantando tu vida mientras reencantas el mundo.

HECHIZO DE GRATITUD PARA LA MAGIA DE LA VIDA

Da las gracias y el mundo se llenará de magia. La raíz de «gratitud» es *gwere*, esta procede de la misma lengua antigua que nos dio *wicce*; significa «alabar, celebrar, estar en contacto con lo divino». La gratitud es un hechizo que abre tu corazón a un mundo sagrado.

Lanza este hechizo y trae la maravilla a tu vida. Se puede hacer en cualquier lugar y en cualquier momento. En el exterior es maravilloso, pero el lavabo del baño, la encimera de la cocina o tu escritorio también sirven.

Necesitarás

~ Una pequeña ofrenda.

Lanza el hechizo

1. Respira profundamente unas cuantas veces. Debes estar presente en este momento.
2. Da las gracias. Comienza con el hechizo de oración que te muestro a continuación y cuando estés lista, escribe el tuyo propio:

«Bienvenido, Espíritu. Bienvenidos, seres de la Creación en su totalidad.
Madre Tierra, Padre Sol, Hermana Luna, estrellas brillantes, gracias.
Al Aire y los vientos que soplan, al Fuego que arde, a las

Aguas que fluyen, a la Tierra que todo alimenta, gracias.
Plantas, animales, seres vivos y espíritus, gracias por
vuestra curación, vuestra enseñanza, vuestra generosidad.
Antepasados, gracias por mi vida y las lecciones
que me ofrecéis.
Maestros, conocidos y los que estáis por venir,
gracias por enseñarme a vivir bien.
Gracias por darme todo lo que necesito
para estar sana y feliz y poder vivir en armonía.
Gracias por el amor que me rodea y que está dentro de mí.
Permíteme compensar con la misma moneda
todo lo que me han dado.
Gracias por esta vida, en este cuerpo,
en este tiempo y lugar.
Gracias.
Mi hechizo está lanzado».

3. Descansa con el sentimiento de conexión, gratitud y paz.

Actúa de acuerdo

Lleva tus sentimientos de conexión, paz y gratitud a tu día.

HECHIZO DE ALIENTO DE VIDA

Este hechizo funciona con la sabiduría que me dieron los árboles de mi jardín, quienes me sacaron de una larga pena. Compartieron el aliento de vida conmigo y devolvieron mi espíritu a la vida y mi vida al mundo. Todo respira en conjunto: los peces con las algas, los osos con los pinos, tú con el roble de tu jardín, los humanos con el Amazonas. Cuando respiramos juntos, creamos el Aire que es el aliento de vida de todos los seres vivos. Experimentamos la calma, la conexión y la comunión de la Creación. Respira este hechizo y haz magia con los árboles y con toda la «Plant People».

Este hechizo se realiza mejor en el exterior, sentada en el suelo bajo un árbol cuando este tiene hojas, pero puedes hacerlo en cualquier lugar y en cualquier momento, incluso en una celda. Si estás en el interior, siéntate frente a una planta de interior o cierra los ojos y visualiza un árbol que conozcas y ames.

Necesitarás

~ Un árbol que esté dispuesto a trabajar contigo.
~ Alpiste.
~ Un poco de agua.

Lanza el hechizo

1. Ve a dar un paseo a algún lugar natural que tenga árboles. Si tienes un árbol con el que sueles trabajar, ve allí. Si no, busca uno que esté dispuesto a trabajar contigo. Pon las manos en su tronco. Desacelera, conecta con él y dale las gracias.
2. Siéntate en sus raíces, recuéstate y contempla su inmensa belleza.
3. Respira. Inhala contando hasta tres, aguanta dos y exhala contando hasta cinco.

4. Sigue respirando hasta que tu mente se tranquilice y tu cuerpo se calme. Si tu mente divaga, vuelve a centrarte en la respiración.

5. Cuando estés lista, inhala y concéntrate en recibir el oxígeno creado para ti por el árbol. Siente cómo tu corazón se llena de asombro y gratitud.

6. Exhala. Céntrate en entregar el dióxido de carbono que estás creando al árbol.

7. Inhala y recibe el aliento de vida; exhala y devuélvelo.

8. Respira con el árbol. Respirad juntos.

9. Siente el amor, la gratitud y el aliento de la vida fluyendo de un lado a otro entre vosotros, conectándoos. Sentid la alegría compartida.

10. No hay ningún desperdicio. Solo existe la magia de la naturaleza, el aliento de vida que fluye entre tú y el árbol, entre tú y la «Plant People».

11. Lo divino está a un suspiro. Respira gratitud. Respira amor. Respira.

12. Cuando estés lista, agradece al árbol. Ofrece agua y alpiste.

13. Vuelve a casa caminando lentamente.

Actúa de acuerdo

Siempre que te sientas sola, preocupada o desconectada, respira y recuerda que, estés donde estés, siempre estás conectada a los árboles y a todas las plantas, que respiran contigo.

HECHIZO DE OFRENDA A LA MADRE TIERRA

Con este hechizo devuelves a la Madre Tierra todas las bendiciones que te ha dado.

Necesitarás

~ Una piedra.
~ Ofrendas de leche y miel.

Lanza el hechizo

1. Busca un lugar al aire libre, en tu jardín o en otro lugar, al que puedas volver y cuidar.
2. Saluda a la Madre Tierra y coloca la piedra suavemente a tus pies.
3. Siéntate. Ánclate, si quieres.
4. Vierte la leche y la miel sobre la piedra, dejando que se derrame en la Madre Tierra.
5. Agradece las bendiciones que te da a ti y a todos los seres.
6. Nombra esas bendiciones. Habla desde el corazón.
7. Siéntate en silencio y sé consciente de que el amor de la Madre Tierra está en todas partes. Ofrécele tu amor.
8. El hechizo está lanzado.

Actúa de acuerdo

Vuelve a la Madre Tierra y cuídala con amor.

ⱯTRAER A LA ⱢUNA
(UN HECHIZO DE LA ⱠIOSA)

Uno de los hechizos más sublimes y misteriosos es atraer a la Luna, una antigua práctica para llenarse del poder radiante de la luna llena y de la magia de la Diosa. Durante un breve tiempo, puede ver con tus ojos y hablar con tus labios. Cuando se va, te dejará transformada.

Lánzalo cuando haya luna llena, donde su luz pueda brillar sobre ti, preferiblemente al aire libre en un lugar tranquilo y privado.

Necesitarás

~ Una sábana blanca.

~ Un cuenco de agua, si quieres llevarlo.

~ Algo de alimento para comer y agua para beber.

Preparación

~ Primero, purifícate bebiendo agua, bañándote o duchándote.

Lanza el hechizo

1. Traza un círculo.
2. Coloca el cuenco de agua a la luz de la luna para cargarlo con su energía.
3. Ponte a la luz de la luna.
4. Envuélvete en la sábana blanca. Respira. Ánclate.

5. Llama a la Diosa para que te bendiga:

«Por el brote, la flor y el fruto, te invoco,
antigua Diosa de la luna llena y brillante.
Lléname con tu presencia, bendíceme con tu magia».

6. Mira a la brillante Luna, repitiendo el encantamiento suavemente hasta que sientas que te abres a la presencia de la Diosa.
7. Abre los brazos, extendiendo la sábana como las alas de la diosa Isis para capturar la magia.
8. Siente la presencia, la energía y las bendiciones de la Diosa fluyendo hacia ti.
9. Cuando sientas que su presencia disminuye, cruza los brazos sobre tu corazón, envolviendo la sábana cargada de energía de la Luna.
10. Vierte un poco de agua en la Madre Tierra como ofrenda. Agradece a la Diosa por bendecirte.
11. Asegúrate de anclar cualquier exceso de energía en la Madre Tierra.
12. Come y bebe algo. Tómate tu tiempo para estar en tu cuerpo.
13. El hechizo está lanzado.
14. Cierra el círculo.

Actúa de acuerdo

Escribe lo que has experimentado y los mensajes que has recibido.

Puedes dormir bajo la sábana cargada de la energía de la Luna para tener sueños proféticos, o doblarla con cuidado y guardarla para llevarla y cargarte con su poder mientras lanzas hechizos. Vierte el agua cargada en una botellita para futuros hechizos.

HECHIZO PARA TENER UN SUEÑO PROFÉTICO

Cada noche cierras los ojos y entras en un reino mágico. Sueñas. Aparecen guías y te saludan espíritus. Te crecen alas y vuelas, el pelaje te cubre, nadas con las focas hasta el fondo del mar. Sueñas y vives entre los mundos donde estos son uno. El tiempo desaparece y el futuro te revela tu destino. Lanza este hechizo y deja que tus sueños te guíen.

Este hechizo se realiza mejor durante la luna negra a la hora de dormir.

Necesitarás

~ Los ingredientes de una antigua poción de sueños proféticos:
  - Aceite esencial de lavanda o espliego.
  - Mejorana.
  - Artemisa.
~ Una bolsita de muselina o un pañuelo de algodón.
~ Mortero y maja.
~ Una taza de té de manzanilla.
~ Tu cama.
~ Tu diario y un bolígrafo.

Preparación

~ Pide a las plantas que trabajen contigo y agradéceles que te concedan el don del sueño psíquico.

~ Pon pequeñas cantidades de las hierbas en el mortero. Muele en el sentido de las agujas del reloj, ve añadiendo poco a poco el resto y el aceite hasta que la poción tenga un aroma agradable.

~ Inhala la magia.

~ Llena la bolsita de muselina con la poción de los sueños o átala en el pañuelo de algodón.

~ Respira tu intención en la poción.

~ Colócala debajo de tu almohada.

~ Pon tu diario y el bolígrafo junto a tu cama.

Lanza el hechizo

1. Métete en la cama y tómate una taza de té de manzanilla. Lee algo que te guste, escucha música relajante, respira. Acomódate en tu cama y duerme.

2. Cuando despiertes, especialmente en mitad de la noche y antes de levantarte de la cama, anota las palabras clave de todo lo que recuerdes de tus sueños.

Actúa de acuerdo

Presta atención a las señales o acontecimientos de tus sueños que aparecen en tu mundo de vigilia.

Sueña con la bolsita para el próximo ciclo lunar y luego devuelve las hierbas con gratitud a la Madre Tierra.

₵ECHIZO DE BENDICIÓN

Un hechizo de bendición reconoce la santidad y la otorga. Lanza un hechizo de bendición y el mismo lanzamiento te enseñará todo lo que necesitas saber. Pero antes de comenzar, debes saber que la cosa que bendice ya te ha bendecido.

Empieza lanzando un hechizo de bendición para ti misma. Luego bendice todo y a todos a los que aprecies: la nieve que se arremolina, el gato enroscado en el alféizar de la ventana, la enfermera detrás de la mascarilla, tu cartero. Una vez hecho, bendice las cosas o a las personas a las que aborrezcas.

Observa cómo la magia te cambia, dándote un corazón lo suficientemente grande como para bendecir al mundo y recibir sus bendiciones. Lanza este hechizo y experimenta la maravilla.

Necesitarás

~ Tiempo.
~ Atención.

Lanza el hechizo

Lanza este hechizo en cualquier momento que te apetezca. Puedes estar ante un espejo, al aire libre en la Madre Tierra, bajo la Luna, sumergida hasta los tobillos en el mar o sentada en la mesa de la cocina.

1. Respira con tranquilidad unas cuantas veces.
2. Coloca las manos sobre tu corazón y di:

«Lanzo este hechizo para bendecir esta vida
que se me ha dado.
Bendice mi mente con sus maravillas y sabiduría,
bendice mi corazón con sus amores y penas,
bendice mi cuerpo con sus dolores y éxtasis,
bendice mi espíritu con su fuego y su magia.
Bendice este día que se me ha dado,
con toda la belleza
y las bendiciones que este mundo me otorga.
Estoy bendecida con el asombro y con la gratitud,
y así bendigo al mundo».

3. El hechizo de bendición está lanzado.

Actúa de acuerdo

Lanza hechizos de bendición para ti y para el mundo.

¿HECHIZO DEL MISTERIO MÁS ALLÁ DE LA COMPRENSIÓN

Adéntrate en la belleza de la naturaleza, en su misterio, magnitud y magia, y experimenta la maravilla. Sé testigo de un murmullo: el espectáculo de innumerables estorninos que se reúnen en vastas masas danzantes en el cielo, o de bancos de peces centelleantes en el mar, que se retuercen y giran sin calamidad, coordinándose de forma misteriosa. Lanza este hechizo y experimenta la maravilla más allá de la comprensión.

La mejor manera de lanzarlo es con estorninos al atardecer, entre octubre y marzo.

Necesitarás

~ Encontrar un murmullo cerca de ti o hacer una peregrinación para encontrar pájaros o peces, o asistir a la actuación de uno de tus artistas favoritos ante un gran público.

Lanza el hechizo

1. Encuentra un murmullo.
2. Acércate lentamente, situándote en un lugar desde el que lo puedas ver bien, ya sea por encima de ti en el cielo, por debajo en el mar, o a tu alrededor en la sala de conciertos.
3. Sé testigo de cómo se manifiesta la conexión invisible, la felicidad encarnada, el misterio revelado con éxtasis.
4. Siente cómo tu alma salta con los individuos que giran, se doblan, dan vueltas, ascienden, se hunden, aplauden, se balancean, se mueven juntos, cambian de dirección juntos, en un instante, en la alegría.
5. Levanta los brazos, dóblate, estírate y muévete. Entrégate a la energía, a la dicha. Siéntete viva en presencia de la magia, participando en un hechizo lanzado por la Creación.
6. Deja que tu espíritu se eleve maravillado.
7. El hechizo está lanzado.

Actúa de acuerdo

Presta atención y sé testigo del misterio y de la magia.

ᛞᚻECHIZO PARA VIVIR BIEN

Tus ojos y tu corazón se están abriendo a un mundo de magia divina que ha estado contigo y en ti todo el tiempo, guiándote, apoyándote y amándote. Escoge cualquier camino, este está iluminado por las estrellas que están sobre ti, apoyado por la Madre Tierra debajo de ti, bendecido por toda la vida que te rodea. A continuación, te muestro un hechizo elaborado a partir de otros tan antiguos como el tiempo para llenar tu corazón de maravilla y ofrecer la maravilla de ti al mundo. Aquí está el hechizo para vivir bien.

Necesitarás

~ Una noche estrellada.

Lanza el hechizo

1. Cuando el cielo nocturno esté despejado, sal y ponte bajo las estrellas.
2. Pide un deseo a la primera que veas.
3. Extiende los brazos y gira, baila, siente tu poder para hacer realidad tu deseo. Siente la magia.
4. Siente el poder divino de la Creación girando sobre ti, debajo de ti, a través de ti. Todo está bailando. Baila hasta que te quedes sin aliento.

5. Ahora levanta la mano y toca con la punta del dedo tu estrella. Lleva su brillante luz hacia abajo y hacia tu corazón. Cierra las manos sobre el último.

6. Canta el hechizo para vivir bien:

«Soy la luz de las estrellas brillando
en el mundo mientras camino.
Estoy cantando el hechizo de vivir bien.
Soy polvo antiguo y agua caminante,
estoy cantando el hechizo de vivir bien…».

7. Continúa cantando. Siente la magia trabajando dentro de ti.

8. Canta hasta que la magia alcance las estrellas más lejanas. Eres la vida encarnando al Espíritu. Eres el hechizo de amor lanzado por la Creación. Tú eres la magia.

9. Cuando estés preparada, agradece a las estrellas que iluminan el camino ante ti, hacia ti y hacia el mundo. Agradece a la Madre Tierra por dar vida al Espíritu y a ti.

10. Entra en casa, bebe un poco de agua, vete a la cama y, cuando te levantes, vive bien.

11. El hechizo está lanzado…

Actúa de acuerdo

Manifiesta tu magia. Lleva tu luz estelar, tu amor y tu maravilla al mundo y vive bien.

Mi hechizo de vuelta a casa para ti

Hay una razón por la que estás aquí, ahora: un sentido de propósito que te convoca, una llamada que ha agitado tu espíritu, un hechizo que te ha despertado. Así que, antes de tocar la campana, cerrar el libro y apagar la vela, te ofrezco este hechizo de bendición, de mi corazón al tuyo, para tu maravilloso viaje a casa, a un mundo de magia sagrada que espera tu regreso.

Lanza el hechizo

1. Ponte de pie, colocando los pies ligeramente separados, con firmeza, pero con suavidad sobre nuestra Madre Tierra.
2. Coloca las manos sobre tu corazón y siente cómo late.
3. Respira y siente que la vida fluye a través de ti.
4. Siente que tu corazón se agranda.
5. Abre los brazos.
6. Siente cómo tu corazón se abre a la Creación.
7. Siente cómo el corazón de la Creación se abre a ti.
8. Escucha la canción de la Creación que se canta a tu alrededor.
9. Lleva tus manos al corazón y recibe este hechizo de bendición. (Tal vez quieras decirlo en voz alta y decir «yo» en lugar de «tú», «mi» en lugar de «tu»).

«Que el Espíritu y el mundo sean uno en tu interior.
Que tu corazón esté abierto a la vida que te acoge
en su corazón.

Que la magia del amor fluya dentro de ti
y a través de ti hacia el mundo.
Que tu vida sea bendecida y que la vida
del mundo sea bendecida por ti.
Que así sea».

10. Nuestro hechizo está lanzado. Nuestro círculo está abierto, pero nunca roto.

La vida en concordancia

Estás viva en un momento crítico. Durante siglos, hemos desencantado al mundo, enviando lo Sagrado tan lejos que lo Divino parece haber muerto. Las consecuencias son nefastas, el futuro de la vida pende de un hilo. La Madre Tierra nos llama a casa, nos pide que ayudemos a que la vida florezca con salud, armonía y amor.

La escritura es un encantamiento, estos hechizos son mi ofrenda para ayudarte a despertar la magia divina dentro de ti y a tu alrededor. Que tu corazón se abra al corazón divino de la Creación. Que tu magia dé forma a tu propósito, a lo que te da alegría hacer y que hace del mundo un lugar mejor por haber estado aquí. Que reencantes tu vida y el mundo.

Fijemos nuestro hechizo juntas y digamos: «¡Feliz encuentro y alegre separación, y feliz encuentro de nuevo!».

Nos vemos pronto.

CORRESPONDENCIAS E INFORMACIÓN ÚTIL

Tabla de correspondencias

Dirección	Este	Sur	Oeste	Norte
Elemento	Aire	Fuego (Tierra, hemisferio sur)	Agua	Tierra (Fuego, hemisferio sur)
Naturaleza	Viento, brisa	Sol	Océanos, ríos, lluvia, lagos	Montañas, bosques campos, cuevas
Faceta	Mente; saber	Voluntad; atreverse	Corazón/ vientre; sentir	Cuerpo; manifestar
Cualidades	Imaginación, inteligencia, intuición, comunicación, poesía, música, lenguaje	Pasión, alegría, coraje, determinación, deseo, poder, transformación, acción, enfoque	Amor, compasión, emociones, sueños, antepasados, reflexión, purificación, conexión	Creatividad, fertilidad, renacimiento, fuerza, estabilidad, abundancia, generosidad, equilibrio
Colores	Blanco, azul pálido, lavanda	Rojo, naranja, amarillo	Azul, turquesa	Verde, marrón, dorado, morado
Símbolos	Pluma	Vela	Puesta de sol	Semilla
Tiempo	Amanecer	Mediodía	Atardecer/ crepúsculo	Medianoche
Estación	Primavera	Verano	Otoño	Invierno

Animal	(ala) Pájaro, mariposa, libélula	(garra) Dragón, león, lagartija	(aleta) Delfín, peces, nutria, ballena	(pata, pezuña, cuerno) Oso, bisonte, caballo, ciervo, lobo
Planta	Lavanda, árbol Bhodi	Mirra, olivo	Hierba de San Juan, sauce	Pachulí, roble
Herramienta	Athame, espada	Varita	Caldero, taza	Pentáculo, piedra
Signo astrológico	Acuario, Géminis, Libra	Aries, Leo, Sagitario	Cáncer, Piscis, Escorpio	Capricornio, Tauro, Virgo
Forma espiritual	Sílfide	Salamandra	Ondina	Gnomo
Diosa	Arianrhod, Aurora, Isis	Ameratsu, Brigid, Pele	Afrodita, Tiamat, Yemayá	Deméter, Freya, Pavarti
Dios	Hermes, Quetzalcóatl, Thoth	Horus, Lugh, Sol, Surya	Agwe, Njord, Poseidón	Cernunnos, Dionisio, el Hombre Verde, Osiris

Intenciones, hierbas, aceites, minerales

Para la ansiedad	
Hierbas	Manzanilla, jazmín, lavanda, verbena
Aceites	Incienso
Minerales	Aventurina, hematita

Para el equilibrio	
Hierbas	Angélica, albahaca, manzanilla, salvia, verbena, milenrama
Aceites	Pachulí, sándalo
Minerales	Ámbar, ojo de tigre, turmalina (verde)

Para la limpieza (purificación)	
Hierbas	Angélica, albahaca, manzanilla, clavo, lavanda, salvia, hierba de San Juan
Aceites	Mirra, pachulí
Minerales	Fluorita, granate, turmalina (negra)

Para la comunicación	
Hierbas	Mora, jazmín, lavanda
Aceites	Pimienta de Jamaica
Minerales	Ágata de encaje azul, jaspe, selenita

Para el valor (confianza)	
Hierbas	Albahaca, romero, milenrama
Aceites	Pimienta de Jamaica, cardamomo, incienso
Minerales	Aguamarina, lapislázuli

Para los sueños	
Hierbas	Angélica, jazmín, lavanda, menta
Aceites	Anís, cedro
Minerales	Alejandrita, amatista

Para la energía	
Hierbas	Albahaca, clavel, canela, nuez moscada, menta, rosa, salvia, hierba de San Juan
Aceites	Pimienta de Jamaica, sangre de dragón, anís estrellado
Minerales	Lagrima apache, piedra de sangre, jaspe (rojo)

Para anclarse	
Hierbas	Mora, manzanilla, salvia, verbena
Aceites	Mirra, pachulí, sándalo
Minerales	Hematita, malaquita, peridoto

Para la sanación	
Hierbas	Pimienta de Jamaica, angélica, mora, manzanilla, jazmín, lavanda, mejorana, romero, ruda, milenrama
Aceites	Sangre de dragón, jengibre, ginseng, sándalo
Minerales	Ágata azul de encaje, cornalina, citrina, malaquita, turmalina (verde, rosa)

Para el amor	
Hierbas	Clavel, eneldo, mejorana, amapola, rosa, menta verde
Aceites	Incienso, jengibre, azafrán
Minerales	Rosa del desierto, jaspe (rosa), cuarzo rosa, turquesa

Para la magia (conciencia psíquica)	
Hierbas	Albahaca, diente de león, menta, salvia, hierba de San Juan, verbena, milenrama
Aceites	Cedro, jengibre, ginseng, pachulí
Minerales	Ámbar, piedra de lima, obsidiana

Para la prosperidad	
Hierbas	Albahaca, mora, manzanilla, eneldo, mejorana, hierba de San Juan
Aceites	Jengibre, mirra, azafrán
Minerales	Aventurina, jade, zafiro estrella

Para la protección	
Hierbas	Angélica, albahaca, mora, diente de león, eneldo, mejorana, verbena, milenrama
Aceites	Cedro, abeto, nogal, tejo
Minerales	Ámbar, lapislázuli, hematita, cuarzo rosa

Para la liberación	
Hierbas	Albahaca, trébol, helecho, dedalera, romero, salvia, milenrama
Aceites	Clavo, incienso, pachulí, sándalo
Minerales	Ágata, lapislázuli, malaquita

Para la fuerza	
Hierbas	Angélica, albahaca, consuelda, menta, nuez moscada, salvia, hierba de San Juan, milenrama
Aceites	Incienso, mirra, vainilla
Minerales	Amatista, hematita, lapislázuli, ágata musgosa

Colores y elementos

COLOR	ELEMENTO	CUALIDAD CORRESPONDIENTE
Rojo	Fuego	Pasión, valor, concentración
Naranja	Fuego	Éxito, sanación, alegría
Amarillo	Fuego/Tierra	Iluminación, éxito, sanación
Verde	Tierra	Creatividad, abundancia, crecimiento, renacimiento
Azul	Agua	Sanación, paz, sueños, descanso del vientre
Índigo	Agua/Aire	Intuición, memoria, sueño, estados alterados, espíritu
Morado	Aire	Intuición, inspiración, adivinación
Rosa	Diosa	Divino Femenino, misterios de la mujer, alegría
Marrón	Tierra	Madre Tierra, tierra, crecimiento, justicia, estabilidad, fuerza
Blanco	Espíritu	Purificación, comienzos, paz, creatividad, sanación
Negro	Misterio	Lo desconocido, descanso profundo, muerte, absorbe o repele la negatividad, todos los colores
Plata	Diosa	Divino Femenino, Luna
Oro	Dios	Divino Masculino, Sol

El momento adecuado

El momento adecuado para maximizar la manifestación

ENERGÍA	MOMENTO DEL DÍA	DÍAS DE LA SEMANA	FASE LUNAR
Creatividad, comienzo	Amanecer	Domingo, lunes	Luna nueva
Acción, atracción	Mediodía	Martes, miércoles	Luna creciente
Abundancia, fertilidad	Crepúsculo, atardecer	Jueves, viernes	Luna llena
Destierro, liberación, reflexión	Medianoche	Sábado, domingo	Luna menguante

ENERGÍA	ESTACIÓN DEL AÑO	FESTIVIDAD (Sabbats)	ELEMENTOS
Creatividad, comienzo	Primavera	Imbolc, Ostara	Aire
Acción, atracción	Verano	Beltaine, solsticio de verano	Fuego
Abundancia, fertilidad	Otoño	Lughnasadh, Mabon	Agua
Destierro, liberación, reflexión	Invierno	Samhain, solsticio de invierno	Tierra

Fases lunares, energías y el momento adecuado

Lanza los hechizos en sincronía con la fase correcta de la Luna y la magia de esta aumentará su potencia y probabilidad de éxito.

Luna nueva (desde el final del cuarto menguante, la Luna no es visible)

Hechizos para la adivinación, para la liminalidad, para honrar los misterios, para la sabiduría, para ver lo invisible y para poner punto y final.

Luna creciente (desde la luna nueva hasta la luna llena)

Hechizos para fijar intenciones y objetivos, para planificar, para nuevos comienzos, nuevos proyectos y nuevos hábitos; para el autocuidado, el bienestar, el rejuvenecimiento, la mejora personal, el crecimiento, la sanación y la prosperidad.

Luna llena (de uno a tres días)

Hechizos para cumplir, para la manifestación, la abundancia, el amor, la riqueza, la creatividad, el bienestar y la buena salud.

Luna menguante (desde la luna llena hasta la luna negra)

Hechizos para desterrar, liberar, eliminar y acabar; para romper con los malos hábitos, con las adicciones y con la negatividad y para deshacerse de las deudas y de la mala salud.

Festividades (sabbats) estacionales, energías y el momento adecuado

Samhain

31 de octubre, hemisferio norte | 1 de mayo, hemisferio sur

Deja ir el pasado, honra lo que acaba, descansa en el vacío que se encuentra entre el pasado y el futuro, entra en el tiempo del sueño. Deja ir, sé.

Solsticio de invierno

21 de diciembre, hemisferio norte | 21 de junio, hemisferio sur

Encuentra la luz en la oscuridad, una luz brilla dentro de ti lo suficiente como para ver el futuro, honra tu sueño del porvenir. Busca la inspiración.

Imbolc

1 de febrero, hemisferio norte | 1 de agosto, hemisferio sur

Encuentra la alegría en las pequeñas cosas, la vida se agita en el vientre del mundo y en ti. Ten esperanza.

Equinoccio de primavera

21 de marzo, hemisferio norte | 21 de septiembre, hemisferio sur

La Madre Tierra está regresando a la vida y tú deberías hacer lo mismo, siente que despiertas y encárgate de cumplir tus objetivos, descansa entre el pasado y el futuro; la luz y la vida están regresando. ¡Renace!

Beltaine

1 de mayo, hemisferio norte | 31 de octubre, hemisferio sur

¡Celebra! ¡La naturaleza está viva y es hermosa, igual que tú! Honra tu cuerpo, sus deseos y su sabiduría. Ama.

Solsticio de verano

21 de junio, hemisferio norte | 21 de diciembre, hemisferio sur

El Sol está en su cenit y la Tierra responde, siente cómo surgen las energías de la vida; trabaja para alcanzar tus objetivos, todo está en crecimiento, igual que tú. Prosperidad.

Lughnasadh

1 de agosto, hemisferio norte | 1 de febrero, hemisferio sur

Tómate un descanso y disfruta de los frutos que has cosechado gracias a tu trabajo duro, el cambio se está manifestando, la luz disminuye, pero la generosidad de la Madre Tierra aumenta. Gratitud.

Equinoccio de otoño

21 de septiembre, hemisferio norte | 21 de marzo, hemisferio sur

Honra la abundancia de la Madre Tierra, honra y cosecha lo que has logrado, discierne las lecciones de todos los desafíos que has enfrentado y encuentra la semilla del porvenir. Descansa entre el pasado y el futuro, el oscuro tiempo del sueño está llegando. Discernimiento.

Agradecimientos

Cada libro requiere círculos de amor y cuidado para llegar al mundo. Mi más profundo agradecimiento a Michelle Pilley, editora y directora general de Hay House UK, por su continuo apoyo creativo, sabio y visionario; a la directora de arte Leanne Siu Anastasi por su brillante diseño y a mi querida amiga y artista Danielle Barlow por la cubierta y el arte del interior del libro. Mi más sincero agradecimiento a Susie Bertinshaw, Julie Oughton, Lizzi Marshall, Portia Chauhan, Lizzie Henry, Alexandra Gruebler y al resto de la familia HH, que han aportado su experiencia, entusiasmo y espíritu luminoso para hacer posible este mágico obsequio al mundo. Mi más profunda gratitud a las numerosas editoriales extranjeras por llevar *Hechizos para vivir bien* a los lectores de todo el mundo y a mi agente Cullen Stanley, por su confianza en mi certeza de que el mundo necesita a sus brujas.

Esta creación fue bendecida por mi cariñoso, divertido e inteligente círculo de hacedores de magia sagrada, aventureros y queridos amigos: mi caballero, Christopher Fielding, con su incondicional devoción y su magia diaria; a la sabia y maravillosa maga de la mensajería Heather Vee; a Emily Fitz por el inestimable aporte de la terapeuta profesional en los hechizos de autocuidado; a Angélica Chayes por la poción para dormir bien y la estrategia para cambiar el mundo; a Pat Fero por su nutrido apoyo; a Cora van Leeuwen y a Autumn Reed por atender a nuestra comunidad de Despertar la Bruja Interior; y a Juliet Weber, Noreen, Dave y Jeannine por sus preciosas, pacientes y generosas amistades.

Mi maravillosa comunidad internacional de Patreon, especialmente nuestro Círculo de Artesanos mensual, y los innumerables lectores, estudiantes, practicantes, fans, buscadores y brujas de todo el mundo con los que trabajo han inspirado este último esfuerzo para guiar nuestros caminos de vuelta a casa: gracias por vuestra pasión, curiosidad y asombro. Mi gratitud incluye a queridos amigos e instituciones que me han apoyado durante los últimos años de trabajo innovador: Twila York y el Orgullo pagano de Chicago; la reverenda Diane Berke e Ilene Sameth y la One Spirit Learning Alliance; John Cianciosi y la Theosophical Society in America; la catedrática Mara Keller y el California Institute of Integral Studies; *Kindred Spirit* y todos los amigos y colegas que tan generosamente proporcionaron su apoyo y ayuda para hacer llegar al mundo la noticia de esta mágica colección de encantamientos.

Me siento bendecida y sostenida por los círculos internos y en constante expansión que me han inspirado y han trabajado conmigo durante los cuarenta años de magia de los que ha surgido *Hechizos para vivir bien*; juntos hemos creado y hecho crecer la Tradición de Ara, el Templo de Ara, el Tempio di Ara. Gracias por vuestro amor, valor y devoción, sacerdotisas y sacerdotes, *primus inter pares* Linda Maglionico, Ally Machate, Kirsten Rostedt, Valeria Trisolglio, Amalia Dellaquila, Dario Pastore, Giula Turolla,

Charlie, Cory, Lorenza M., Margaret, Melody, Barbara, Patty, Tina, Alissa, Kenwyn, cuyo recuerdo es una bendición, la Dra. Eileen, Andreas, Mena, Amy, Heather y todos los notables iniciados, clérigos en formación y devotos de todo el mundo.

En el centro del círculo de mi vida, mi marido Phil Loria es la prueba de que el amor es la mayor magia y, por supuesto, también Foxie. Tú mantienes mi corazón lleno de gratitud.

Gracias a ti que tienes este libro en las manos y que lanzarás los hechizos para hacer de tu vida y del mundo un lugar mejor.

Un profundo agradecimiento a los que vinieron antes y dejaron su magia para los que llegamos después.

Un profundo agradecimiento a la Madre Tierra y a todos sus hijos, a los espíritus del lugar, a los espíritus de la Creación, a los espíritus de los pueblos en cuya tierra vivo ahora, por enseñarme.

Un profundo agradecimiento al misterio que se esconde a plena vista. Que siga buscando, visualizando y sirviendo a mi propósito, y que siga dándome fuerzas para ayudar a hacer del mundo un lugar mejor para toda vida. Mi más profundo agradecimiento.

Sobre la autora

Phyllis Curott es una de las primeras brujas públicas de Estados Unidos, la autora wiccana más publicada y con mayor éxito de ventas a nivel internacional, una abogada cuyos casos innovadores garantizaron los derechos legales de las brujas y una activista interreligiosa que ha contribuido a que la brujería sea la espiritualidad de más rápido crecimiento en Estados Unidos.

Phyllis ha recibido numerosos honores, ha sido nombrada una de «Las diez mujeres más valientes del año» por la revista *Jane* y ha sido incluida en el Martin Luther King, Jr. Collegium of Clergy and Scholars. La revista *New York* ha calificado su enseñanza como la «próxima gran idea» de la cultura y la revista *Time* la ha seleccionado como una de las principales pensadoras de Estados Unidos. Su serie de videos de YouTube sobre *wicca* tiene casi tres millones de visitas y su curso «Awaken the Witch Within» está disponible en línea. Fundadora del Templo de Ara, Phyllis es fideicomisaria del Parlamento de las religiones del mundo y será la presidenta del programa del Parlamento de 2023.

Phyllis sigue escribiendo, proporcionando consultas personales, tutorías y recitales, enseñando y dando conferencias a nivel internacional sobre la magia sagrada de la naturaleza y por qué el mundo necesita a sus brujas.

Web: www.phylliscurott.com

Facebook: phylliscurott

Instagram: @phylliscurott

Twitter: @phylliscurott

YouTube: PhyllisCurottWitchcrafting

Encuentra el curso online de Phyllis
«Despierta la bruja interior» en:
www.hayhouseu.com/awaken-the-witch-within-online-course-hhu

Y la afiliación de Phyllis en:
www.patreon.com/phylliscurott